JN042604

ソース焼きそばの謎

塩崎省吾
Shogo Shiozaki

ハヤカワ新書 006

昭和15年頃の浅草周辺

まえがき

焼きそばと聞いて、頭に思い描くイメージは人それぞれだろう。祭り囃子《ばやし》と人混みで賑わう縁日の屋台。ありあわせの食材を使った土曜のお昼ごはん。コンビニで買ったカップ焼きそば。肉で満腹なのに、なぜか入ってしまうバーベキューの締め。そこに共通するのは、むせ返るようなソースの香りだ。

ソースを使った料理といえば、お好み焼きも世代を超えて親しまれてきた。大阪風の混ぜ焼き、広島風の重ね焼きなど、スタイルは様々だ。しかし熱々の鉄板と焦げたソースの香りは、こちらも日本全国どこでも同じだ。

ソース焼きそばとお好み焼きには共通点が多い。鉄板での調理とソースによる味付け。青のりと紅生姜。どちらも屋台の定番で、お好み焼き店では、ほぼ必ずソース焼きそばを提供している。

料理のジャンルでいうとソース焼きそばは「麺類」のはずだ。しかし、お好み焼きやたこ焼きなどの「コナモン」に分類する方が、なぜかしっくりくる気がする。そんな印象を抱くのは、私だけではないはずだ。そしてその直感は正しい。実は、両者は根源的な関係にある。ソース焼きそばは、お好み焼きの一種として発祥したのだ。

私は『焼きそば名店探訪録』という、焼きそばの食べ歩きブログを運営している。ブログを開設したのは、二〇一一年の東日本大震災がきっかけだった。もともとバイクにまたがって日本中を旅するのが趣味で、中でも焼きそばに重きを置いて各地を巡っていた。そこへ起こったのが、あの震災だ。東北地域の太平洋側にあった老舗の多くが、やむをえず店を畳んでいく。もちろん焼きそば店も例外ではない。

貴重な食文化が失われてしまうことに危機感を覚えた私は、震災で仕事がすべて白紙になった機会を利用して、せめて記録に残していこうと焼きそば専門ブログを開設した。以来、日本全国津々浦々、果ては海外まで足を延ばし、焼きそばを始めとする「焼いた麺料理」を食べ歩いている。本書に掲載している写真は、とくに断りのない限りは筆者自身が撮影したものだ。

そのうちに、当然いろいろな疑問も湧いてきた。

例えばソース焼きそばに使う麺について。関東では細い蒸し麺、関西では太い茹で麺を使う店が多い。そのような地域差はどこから生まれたのか？　どちらがルーツに近いのか？

焼きそばと焼うどんはどのような関係なのか？　焼うどんの発祥は北九州の小倉というのが通説だが、それは正しいのか？

全国各地にソースを後がけする焼きそばがある。それらは同時多発的に誕生したのか？味付けせずに提供する必然的な理由が、なにかあったのか？

中でも最大の疑問は、焼きそばの生まれた経緯に関する疑問だ。ソース焼きそばはいつ頃、どこで、どのように生まれたのか？　中華料理の炒麺《チャーメン》とは、どのような関係にあるのか？土地土地の味を食して聞き取りを行い、明治時代や大正時代の史料にあたることを繰り返した。通説は覆り、答えがさらなる謎を呼んだ。我ながら、探偵のような作業だと思う。

さて、「ソース焼きそばはお好み焼きの一種」とは、一体どういうことか。詳細は本文に譲るが、要は「お好み焼き」という概念自体に予想もしない来歴が潜んでいたのである。そして、そのことは出発点に過ぎない。ソース焼きそばがお好み焼きの一種であるとして、なぜその時と場所に誕生しえたのか？　どのように日本各地へ広まったのか？　そこには明治以降の日本の近代化、国際関係が大きく関係し……と、ネタバレはこの辺にしておこう。

鉄板で焦げるソースにも似た、むせ返るほど濃密で刺激的な歴史探究の成果を、存分にご堪能いただきたい。読み終わる頃にはきっと、ソース焼きそばへの興味と食欲が倍増していることと思う。

目次

プロローグ　昭和一一年の焼きそばマニュアル

昭和一一年に出版された、『素人でも必ず失敗しない露天商売開業案内』という書籍がある。[1] 東京で露店商売を始めたい人に向けたマニュアル本だ。国立国会図書館または図書館送信参加館で内容を閲覧可能だが、なぜか縁あって、私がその手書き原稿を所有することになった。書名など、最終的な出版物とは異なる点も多い。

この本には古本屋や表札、小間物、切り花など、多種多様な露店それぞれについて、仕入れから販売までどうやればよいかが詳細に綴《つづ》られている。もちろん、飲食の露店もある。支那そば、おでん、ホットドッグ。牛めし、鯛焼、スイートポテト。そして《焼そば屋》。そう、昭和一一年には、すでに焼きそばの露店が存在していたのだ。

同書を読んでみると、当時の焼きそば露店の実態がわかる。書き出しはこんな感じだ。

　これは僅《わづ》か去年頃《きよねんごろ》から急《きふ》に流行《りうかう》して來《き》た商賣《しやうばい》で、駄《だ》菓子《ぐわし》屋《や》や惣菜《さうざい》おでん屋《や》でもやつてゐるが、夜店《よみせ》でも實《じつ》によく賣《う》れてゐる。殊《こと》に下町方面《したまちはうめん》や工場地帯《こうぢやうちたい》の露《ろ》店商《てんあきな》ひとしては、

うつてつけの商賣《しやうばい》である

《去年頃から急に流行して来た商売》というから、焼きそば屋台は昭和一〇年くらいから目立つようになったらしい。まずは屋台の入手。古道具屋へ行くか、合羽橋で既製品を探せという。

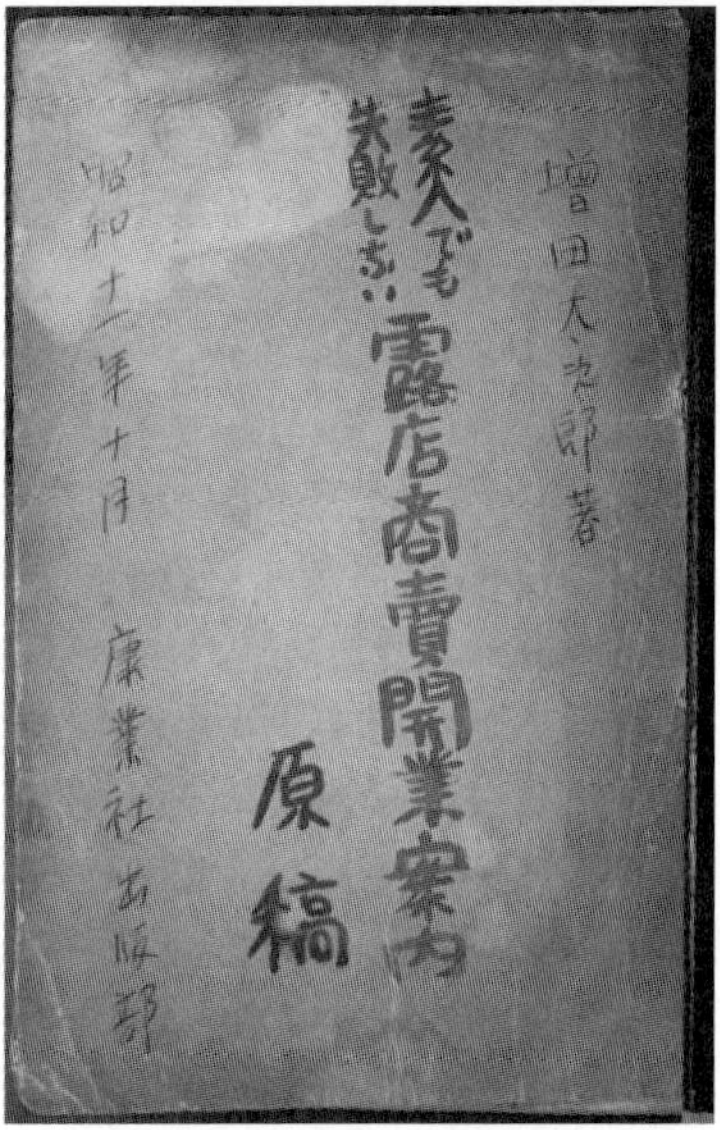

『素人でも必ず失敗しない露天商売開業案内』草稿・表紙

この屋臺車《やたいぐるま》に赤い暖簾《のれん》を下《さ》げる。暖簾《のれん》には張《は》り附《つ》けと縫《ぬ》ひと二色《ふたいろ》あるが、どつちでもよい。それに「滋養王焼《じやうわうやき》そば」とか「名代焼《なだいやき》そば」と云《い》つた様《よう》な名文句《めいもんく》を白文字《しろもじ》で入《い》れるのである。

この段落に《暖簾《のれん》》という単語が二回出てくる。出版された本だ

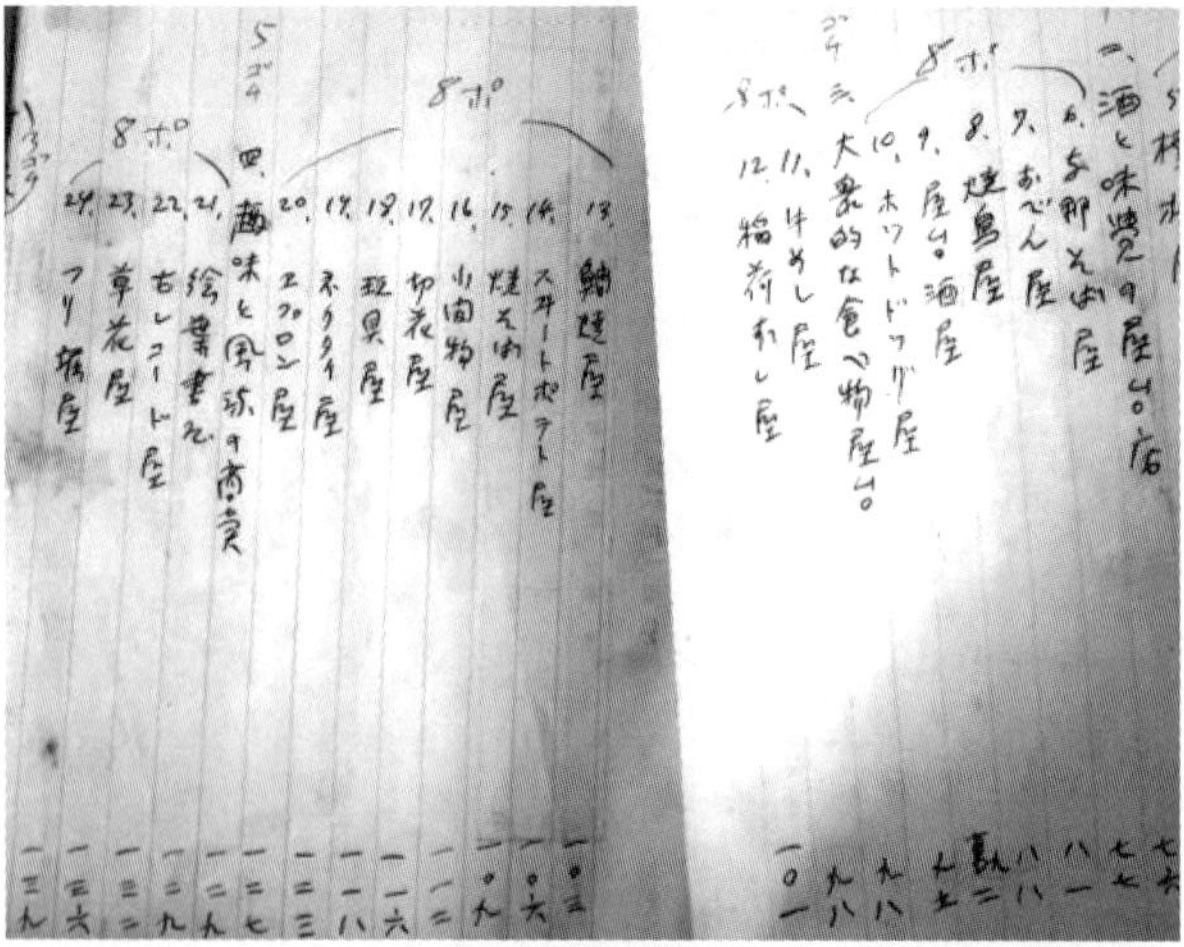

『素人でも必ず失敗しない露天商売開業案内』草稿・目次

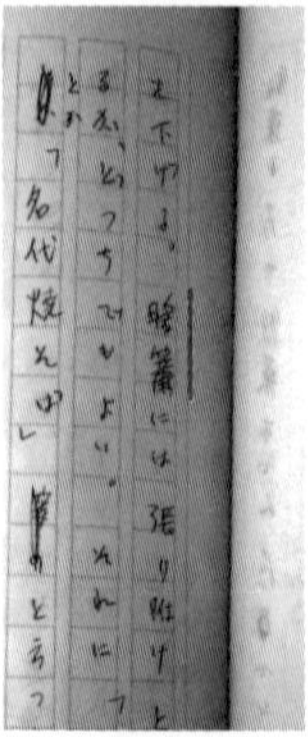

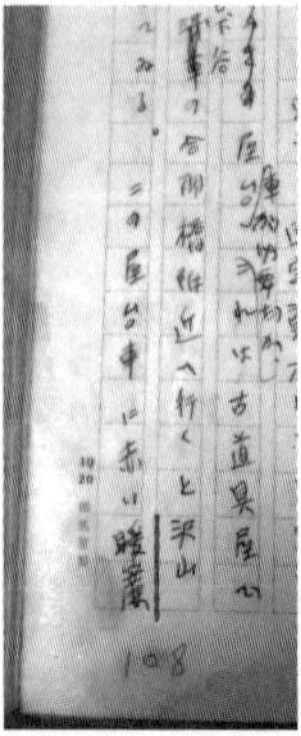

草稿

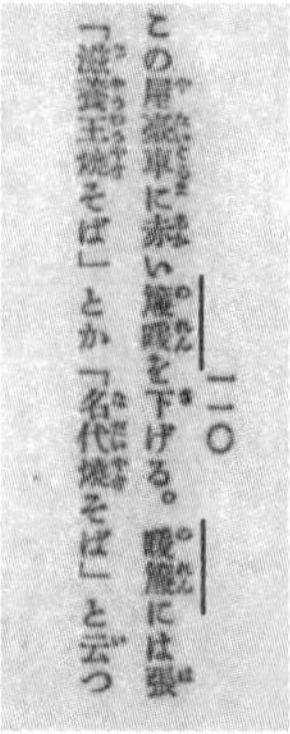

書籍

『素人でも必ず失敗しない露天商売開業案内』誤植

と一回目の《暖簾》は「簾暖」と文字が逆になっているが、それは出版社の誤植だ。原稿では二回とも「暖簾」と正しく書かれている。

印刷物には間違いが含まれていることもある、という教訓を胸に先へ進もう。続いて屋台以外の設備について。

焼《やき》そばを作《つく》る道具《だうぐ》としては、ドラ板《いた》、火鉢《ひばち》スパーテの三種類《しゆるゐ》があれば揃《そろ》ふのである。

ドラ板は鉄板または銅板、火鉢は熱源、スパーテというのは小手、ヘラのことだ。英語だと「spatula《スパチュラ》」、ドイツ語だと「spatel《スパーテル》」。その辺りから来た呼び名だろう。もちろん材料についても述べている。

1、支那《しな》そば二、三貫目《がんめ》（茹《ゆ》でた時《とき》の目方《めかた》）これは一玉《ひとたま》二銭位《せんぐらひ》で、仕入先《しいれさき》は前項《ぜんかう》で述《の》べた所《ところ》〔筆者注：支那そば屋台の貸車屋を指す〕と同《おな》じ。

2、キヤベツ　カツに附《つ》いてゐるもの位《くらひ》に細《こま》かに切《き》つて使《つか》ふ。

3、天《てん》ぷらの揚《あげ》カス　これは附近《ふきん》の天《てん》ぷら屋《や》と契約《けいやく》しておけば毎日取《まいにちと》つて置《お》いて呉《く》れる。五銭《せん》乃至十銭位《せんくらひ》で充分《じうぶん》である。

4、ソース　一升《しよう》三四十錢《せん》のものをソースの問屋《とんや》から二、三本買《ばんか》つて置《お》く。
5、炭《すみ》一俵《ぺう》　堅炭《かたすみ》で一圓位《えんぐらゐ》。
以上《いじやう》が材料《ざいれう》である。

中華麺、キャベツ、天かす、そしてソース。今でもおなじみの材料ばかりだ。そして調理法。

最初《さいしよ》に、そばの玉《たま》をふかしておくのだが、これはせいろに入《い》れ、充分柔《じうぶんやわら》かにし且《か》つ量《りやう》をふやせばいゝのである。然《しか》しこれは自分《じぶん》でやらずとも最近《さいきん》では、燒《やき》そば用《よう》にふかした物《もん》を賣《う》つてゐる店《みせ》があり、そこへ頼《たの》めば毎日配達《まいにちはいたつ》してくれるからその方《はう》が便利《べんり》であらう。

中華麺は蒸してから使う。ただし、《最近では、焼そば用にふかした物を売っている店》があるという。昭和一一年の段階で、焼きそば用の蒸し麺が販売されていた。

次《つぎ》にドラ板《いた》を充分熱《じうぶんあつ》くしておき、その上《うへ》に前述《ぜんじゆつ》のそばを、キヤベツや天《てん》ぷらの揚《あげ》カスと一緒《いつしよ》に載《の》せて、この三つをよく掻《か》きまぜる。充分揚《じうぶんあげ》カスの油《あぶら》が全部《ぜんぶ》に廻《まは》り熱《あつ》くなつたらソースをかけ、更《さら》に一層《いつそう》よく掻《か》きまぜれば之《これ》で出來上《できあが》るので、至極簡單《しごくかんたん》な造《つく》り方《かた》である。

天かすの油を利用するよう書かれているが、それだけだとたぶん焦げ付きやすい。私なら多少は油を引くだろう。

他《ほか》に調味料《てうみれう》はいらないし素人《しろうと》の婦人《ふじん》でも樂《らく》に出來《でき》る仕事《しごと》である。

《他に調味料はいらない》と書いてあるが、なかには独自の工夫をする屋台もあった。[2] それが店の評判に繋がったわけだ。最後に販売方法。

客《きやく》が來《き》たら以上《いじやう》の出來上《できあが》つた品《しな》を白色《はくしよく》の洋紙《やうし》を適當《てきたう》に切《き》つたものゝの上《うへ》に盛《も》つて出《だ》せばよいのである。尤《もつと》もそれは子供《こども》が買《か》ひに來《き》た場合《ばあひ》で、大人《おとな》には小《ちひ》さい皿《さら》に盛《も》つて小《ちひ》さいホークを添《そ》へて出《だ》せばその方《ほう》が感《かん》じもよいし經濟《けいざい》である。

あらかじめ作りおいて、客が来たらできている焼きそばを出す。子供は白い紙、大人は小さな皿とフォークでの提供だ。別の資料で、新聞紙に載せた焼きそばを《子どもは箸ではなく串一本で》食べたという証言もある。[3]

以上が、昭和一〇年頃の焼きそば屋台の実態だ。お読みいただいたように、肉こそ使われていないが、現代の縁日で提供されているソース焼きそばと遜色ない品が、当時から提供されていた。第1章で詳しく見ていくように、「ソース焼きそばは戦後に生まれた」とよく言われる。だが、それは誤った認識による俗説なのだ。

ではいったいいつ、どこでソース焼きそばは生まれたのか？　そしてなぜ「戦後発祥説」が正しいと思われてきたのか？　これからじっくり検証していきたい。

ちなみにこの手書き原稿は、私個人が管理するには手に余るのと、その資料的な価値に鑑みて、広島にあるオタフクソース株式会社の「おこのミュージアム」に寄贈させていただいた。そのうち同館の展示品に加えられるかもしれない。

第1章

ソース焼きそばの源流へ

第1節　謎の多いソース焼きそばの起源

近代の食文化史を調べている研究者は多い。しかし、ソース焼きそばの発祥について、私が納得できる説は最近までなかった。近代の食を扱った書籍をひもといてみても、触れられていればまだよい方という程度だ。全般的には戦後発祥説が主流である。まずは主だった先行研究を紹介しよう。

先達者たちの見解

食文化史研究家の小菅桂子氏は、『にっぽん洋食物語大全』の「ジャパニーズ・ハイカラ・ソース」という章の冒頭で、軽くソース焼きそばに触れている。

それにしても中国の麵と西洋のソースはいつ、どこで、誰によってめぐりあい、日本の縁日を代表する日本の味になったのだろうか。

年配の中国人の料理人の中にはソース焼きそばを浅草焼きそばと呼ぶ人もいる。ということはひょっとしてあのソース焼きそば、本当は浅草生まれなのかもしれない。[1]

そう疑問を呈したあと、ソースの起源や渡来、普及へと話が展開する。ソース焼きそばはそれっきり登場せず、「浅草焼きそば」に関する検証・考察も一切ないまま章を終えている。

食文化史研究家の岡田哲氏は、焼きそばにあまり関心がなさそうだ。編著『たべもの起源事典』『たべもの起源事典 日本編』ともに、「焼きそば」の項目自体がない。ただ、「お好み焼き」の項で戦後のお好み焼きに触れ、次のように述べている。

お好み焼きといえば、大阪が本場といわれる程に盛んになる。イカ天・エビ天・牛天・天もの・焼きそば・バター焼きなど、種類が豊富になる。[2]

明言はしていないが、文脈的に「焼きそばは戦後の大阪で発祥した」と読み取れる。

伝承料理研究家の奥村彪生《あやお》氏は、関西出身なのも影響しているのか、完全に戦後大阪発祥説だ。麺の歴史の権威でもあり、ソース焼きそばが戦後の大阪で生まれたという通説は、奥村氏の著書に負うところが大きい。奥村氏は著書『麺の歴史　ラーメンはどこから来たか』で、巻末の年表に《ソース焼そば（大阪）昭和20年代》と記している。[3] また、別の著書『日本めん食文化の一三〇〇年』では次のように断言している。

ソース焼そばは大阪がルーツである。固ゆで（蒸し）そばを鉄板の上で油で炒め、どろっとした焼そばソース（元々はお好み焼ソース）で味つけしためん料理である。そのソース焼そばを薄焼玉子で巻くオムそばもある。ついでに言えばオムライスも大阪生まれである。[4]

さらには《この焼きそば用の中華めんは明治の中ごろ中国福建省から沖縄に伝わった幼麺である》とも述べている。おそらくソース焼きそばに使われる蒸し麺の製法から推測したのだろう。ただ、それがどういう経緯でソース焼きそばに使われるようになったのかまでは書かれていない。

オタフクソース社の『ヤキソバロジー』は、一冊をまるごと焼きそばに費やした先駆的な書籍だ。同書の「焼そばの源流」という章では、日本の麺食文化史を紹介した上で、ソース焼きそば誕生のきっかけについて《中国大陸からの引揚者たちによってもたらされた》と述べている。終戦直後に《潤沢に出回りはじめた中華麺》と《お好み焼に塗るソース》を使い、《中華麺を炒めてソース味で》調理したのがソース焼きそばと、こちらも戦後誕生説を推している。[5]

その『ヤキソバロジー』の監修者・藤中義治氏は、平成一四年に日経新聞の「麺とソース絶妙な調和」という記事において、《ソース焼きそばはいつ、どうやって誕生したのか》という質問に答える形で、やはり戦後誕生説を採用している。

> そんな中華麺がソースと融合し、日本独自の「ソース焼きそば」として広まったのは「はっきりとはしないが、戦後になってからでしょう」と話すのは、焼きそばの研究をしている食品・発酵分野の技術アドバイザー、藤中義治さん(73)。
>
> 明治時代、欧州から日本へ上陸、ハイカラな調味料だったソースが庶民レベルに普及したのは戦後のこと。お好み焼きや鉄板焼きを出す店や屋台の人気にあわせ、家庭でも使われるようになった。
>
> 一方で中華麺も普及。「焼くと、うどんより歯触りがよい。それなら鉄板上で香ばしい香りを発するソースと合わせてみたらどうか。そんな思いつきから出来上がり、広がっていったのではないか」と藤中さんはみる。[6]

なるほどとも思えるが、残念ながら根拠はあいまいだ。具体的な証言や文献などが挙げられておらず、私には納得できなかった。

二〇一一年頃までは戦後説が主流

ソース焼きそばを取り上げるガイドブックは、明言を避けた玉虫色の表現が多い。ただやはり戦後誕生説に沿った記述が目立つ。前項に挙げた書籍群しか参考になる資料がないのだから、そう書くのも当然だろう。

二〇〇四年に出版された『日本全国ローカルフード紀行』では、次のように書かれている。

かつて〝ソース味〟が〝ハイカラな洋食〟だった時代があった。そんな時代に全国各地で生まれたローカルフードは、戦後の混乱期に〝焼きそば〟へと姿を変え、現在に至っている。[7]

二〇〇八年『全国縦断名物焼そばの本』も似たような表現だ。

ソース焼そばは、お好み焼同様に、第二次世界大戦後の食糧難のときに、小麦粉をいかにおいしく食べるかを工夫する中で各地に広まった。[8]

ちょっと変わっているのが、プレジデント社発行のグルメ雑誌、dancyuだ。二〇〇九年に出版されたdancyu特別編集『ソース焼きそばの本』は、ソース焼きそばに特化したムック本にもかかわらず、なぜかソース焼きそばの起源に一切触れていない。これには理由があるように思える。

調べてみると、dancyu本誌の一九九二年九月号に、「中国発祥の炒麺は、如何にして日本の焼きそばとなったか」という、そのものずばりの記事があった。[9] その記事には、執筆した大谷浩己氏の嘆きが書かれていた。

いくら取材を進めていっても中国の焼きそばと、ソース焼きそばの接点はなかなか見えてこないのである。

結局、タイトルとは裏腹に、中国の炒麺と日本の焼きそばの関係は何もわからないまま記事を終えている。ある意味、誠実なジャーナリズムだ。後年に同編集部が刊行した『ソース焼きそばの本』で起源に一切触れていないのは、この記事を踏まえての判断のように思われる。

ちなみに『にっぽん洋食物語大全』の《年配の中国人の料理人の中にはソース焼きそばを

浅草焼きそばと呼ぶ人もいる》という話を裏付ける具体的な証言が、このdancyuの記事に紹介されている。

> 広東省出身の「慶楽」の區さんのお父さんは、中国から来た人に、「これは浅草焼きそばという食べ物」とソース焼きそばをよく食べさせていたという。

文中の《「慶楽」の區さん》とは、有楽町にあった広東料理店「慶楽」の二代目店主・區《ク》・傳順《デンジュン》氏のことだ。お父さんというから「慶楽」が創業した昭和二五年の頃の話と思われる。炒麺との関係は不明なままだが、《浅草焼きそば》という呼び方があったことは確かなようだ。

ついでにウィキペディアにはどう書かれているか。私がブログ『焼きそば名店探訪録』を始めた二〇一一年時点では、こんな記述だった。

> 戦後の屋台で安価なウスターソースで味付けした焼きそばが作られたのが始まりという説があるが詳しい事は判明していない。[10]

このように少なくとも二〇一一年頃まで、ソース焼きそばの発祥については「戦後誕生説」が主流だった。

昭和一〇年代浅草誕生説

その「戦後誕生説」に異を唱えたのが、二〇一二年にWEBで公開された、ライターの澁川祐子氏による「なぜか「ソース」で炒める日本の焼きそば」という記事だ。[11] 同記事を含む連載は後日書籍化され、『ニッポン定番メニュー事始め』（二〇一三、彩流社）やその文庫化である『オムライスの秘密 メロンパンの謎』（二〇一七、新潮社）にも同じ内容が収録されている。

> ソース焼きそばの起源は、実はわかっていないことが多い。一般には第2次世界大戦直後の闇市で生まれた、とされている。だが、本当にそれまで存在していなかったのだろうか。

澁川は「戦後誕生説」にそう疑問を呈した上で、昭和一五年に出版された小説『如何なる星の下に』を引用し、浅草のお好み焼屋「染太郎」のメニューに、昭和一〇年代から「やきそば」が存在していた事実を示す。

東京の浅草にある「浅草染太郎」は、1937（昭和12）年から続く老舗のお好み焼き屋だ。1939（昭和14）年から連載が始まった高見順の小説『如何なる星の下に』には、「浅草染太郎」をモデルにしている「惚太郎」というお好み焼き屋が登場する。店では、客は大きな火鉢に鉄板を載せ、めいめい勝手にお好み焼きを焼いている。部屋の壁は、品書きが掲げられている。その中に、いかてん、えびてん、あんこ巻きなどに交じって「やきそば」が5銭とある。

『如何なる星の下に』は、岡田哲『たべもの起源事典』の「お好み焼き」の項でも引用されているが、ここまで内容を掘り下げたのは彼女が初めてだろう。

焼きそばはすでに戦前、お好み焼き屋で提供されていたのである。だが、残念なことにここで書かれている「やきそば」がソース焼きそばかどうかまでは分からない。ただ、お好み焼きとソースとの結びつきを考えるに、この「やきそば」の味つけにもソースを使っていた可能性が高いのではないか。

そう思いながら1994年に出版された小菅桂子著『にっぽん洋食物語大全』（講談社＋α文庫）を読んでいたら、〈年配の中国人の料理人の中にはソース焼きそばを浅草焼きそばと呼ぶ人もいる〉という一文が飛び込んできた。

「ソース焼きそば＝浅草焼きそば」だった。しかも、昭和10年代に浅草のお好み焼き屋に焼きそばというメニューがあった。この2点から、ソース焼きそばは戦前に誕生していたと考えるのが自然だろう。

中華麺の普及が大正末期。ソースを使ったお好み焼きが誕生したのは昭和になってから。さらに、中華麺とソースが鉄板を介して出合ったのがおそらく昭和10年代だったのではないか。現在のところ、私はソース焼きそばの誕生をそうにらんでいる。

澁川がたどり着いたのは《昭和一〇年代》という、それまでの戦後誕生説を覆す説だった。しかし、発祥はさらに遡れるはずだ。プロローグで述べた通り、昭和一〇年には、ソース焼きそばの屋台がすでに出現していたのだから。

そして二〇一八年、画期的な本が出版される。「近代食文化研究会」氏が著した電子書籍、『お好み焼きの戦前史』だ。

●この節の要約
・二〇一一年頃まで、ソース焼きそばは戦後に発祥したという説が主流だった
・二〇一二年に、昭和一〇年代発祥説が出てきた

第2節　近代食文化研究会『お好み焼きの物語』

電子書籍『お好み焼きの戦前史』はタイトルの通り、戦前のお好み焼きの歴史を明らかにした本だ。同書は二〇一九年に『お好み焼きの物語』と改題し、物理的な書籍として新紀元社から出版された。

著者の「近代食文化研究会」氏は、執念すら感じさせるほどの膨大な資料と証言を積み重ね、それらの矛盾や整合性を検証し、どのようにしてお好み焼きが生まれたのか、そもそもお好み焼きとは何なのかの解明を試みている。もちろん、お好み焼きとソース焼きそばの関係、ソース焼きそばの起源についても検証されている。

お好み焼きに関する驚くべき新説あれこれ

まず、お好み焼きとは何かという点について。著者は、昭和六年に民俗学者の柳田國男が《御好み焼などという一品料理の真似事》と記した資料[1]を提示したうえで、戦前のお好み焼き屋が提供していた「エビ天」「カツレツ」「おしるこ」「シュウマイ」「亀の子」などの品々を検証し、「お好み焼きとは天ぷら・西洋料理・中華料理などを形態模写した、いわばパロディとして誕生した」と断じている。

お好み焼きとはそもそもなにかというと、鉄板と水溶き小麦粉を使って、和洋中様々な料理を形態模写したものなのである。

しかも、材料や値段、料理法（鉄板焼き）の関係から、あまり似ていないものができる。それを承知で買い、食べる駄菓子が、原初のお好み焼きの姿なのである。[2]

詳細は同書でご確認いただきたいが、膨大な資料をもとに、次のような驚くべき新説を次々と開陳してゆく。

・本来、お好み焼きはカテゴリ名であって、お好み焼きという料理はなかった。

・「麩の焼き」起源説は間違い。
・大人はお好み焼き、子供は「どんどん焼き」と呼んだが、どちらも同じ料理を指していた。

「まぜ焼きとのせ焼きとどちらが先か」論争にも結論を出し、さらに多角的な視点から考察したうえで、お好み焼きの誕生を「明治三〇年代の東京下町」と推測している。

明治30年代、文字焼の衰退に悩んでいた屋台の主人たちは、当時流行していた洋食の屋台にヒントを得て、〝子供洋食〟たるお好み焼きに転業していったのではないかと推測する。[3]

その東京下町には、前節で澁川が触れていたお好み焼き屋「染太郎」が暖簾を掲げる浅草も、もちろん含まれている。

お好み焼きは和洋中のパロディ料理

お好み焼きが和洋中様々な料理の模倣、パロディだったとはどういうことか。以下、『お好み焼きの物語』を参考に実例を挙げていこう。

まず、天ぷら。古いお好み焼き屋のメニューを見ると、「肉天」「えび天」「いか天」のように「〇〇天」と書かれていることが多い。実はこの「天」は「天ぷら」の略なのだ。『お好み焼きの物語』は冒頭で、大正七年の新聞記事を引用して、お好み焼き屋が「エビ天プラ」と表記していた例を示し、「天もの」が天ぷらの模倣だったと説明する。

蝦フライ一錢のどん〳〵焼

△お汁粉一ぱい矢張り一錢

読売新聞　大正7年3月24日　朝刊4面
（ヨミダス歴史館）

> △エビ天プラ一銭△イカキアゲ一銭△モチフライ一銭△カツレツ一銭△シウマイ一銭△ドイツヤキ一銭△アンコヤキ一銭△ヲシロコ一銭／など總《すべ》て三十一種《しゅ》、大抵《たいてい》のものは一銭《せん》ですが、お辨當《べんたう》とお壽《す》司《し》が二銭《せん》、西洋料理《せいやうれうり》と玉子焼《たまごやき》が五銭《せん》です。[4]

東京の巣鴨地蔵の縁日で名物となっている、お好み焼き屋台の「エビ天」「イカ天」「シ

巣鴨地蔵縁日名物のお好み焼き屋台（2021年10月撮影）

ョウガ天」が、原初の「天もの」に近い姿ではないかと思う。
もちろん天ぷらにまったく似ていないのだが、ある種の遊戯なので、似ていなくて正解なのだ。これら「〇〇天」と呼ばれた「天もの」が、「洋食焼」「一銭洋食」「にくてん」などの名前で各地に伝播した。やがて「お好み焼き」という言葉は、それら「天もの」だけを指すようになり、大阪や広島など各地でアレンジが加えられて、今に至るというわけだ。

戦前のお好み焼きには、西洋料理のパロディもあった。例えば「カツレツ」。今はまったく目にしなくなった品だが、作家の池波正太郎がお好み焼き屋の「カツレツ」について詳細を残している。本物のカツレツとは明らかに異なる、現代の駄菓子のような食べ物だ。

> 最上のものは〔カツレツ〕であって、これはメリケン粉を鉄板へ小判形に置き、その上へ薄切りの牛肉を敷き、メ

カツレツ

おしる粉

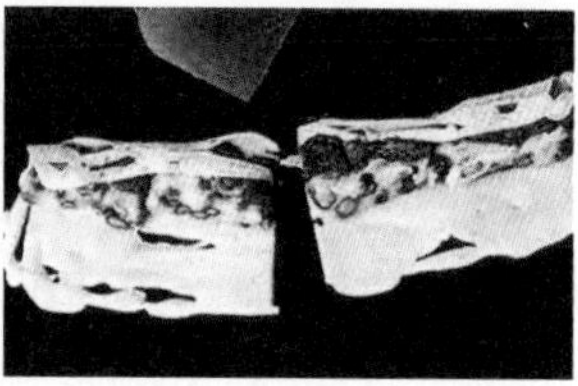

池波正太郎『むかしの味』（1988、新潮社）より

リケン粉をかけまわしてパン粉を振りかけ、両面を焼き上げたもので、これが五銭から十銭だった。[5]

さらに甘味もあった。池波正太郎は「おしる粉」について述べている。

> メリケン粉を細長く置いて、これに豆餅《まめもち》と餡をのせて巻き込み、焼きあげたものを〔おしる粉〕という。

「おしるこ」を注文すると、これが出てくるのだ。原型となる料理へ近づける気はさらさらなく、あくまでも洒落っ気を楽しむ駄菓子であることがわかる。

中華料理、戦前は支那料理と呼ばれていたが、その模倣もある。例えば「シュウマイ」あるいは「シウマイ」だ。

お好み焼き屋の「シュウマイ」がどんな品か。浅草染太郎の創業者・崎本はるの米寿を記念して、昭和五八年に『染太郎の世界』という著名人の寄稿集が出版された。この本にイラスト付きで「シュウマイ」の調理方法が書かれている。以下、『染太郎の世界』から引用しよう。

染太郎お好焼教室⑧　しゅうまい

材料：豆餅か普通の餅・2㎝角で5㎝ぐらいの長さ、玉ねぎあるいは長ねぎ、ひきにく、にんにく、水とき小麦粉、ラード

ラードを軽くひき、餅で四角のワクをつくる。

ワクの中へ水とき小麦粉を半分ほど流しこむ。（てんぷらや金つばの皮ぐらいの感じ）

ひきにく大さじ1つくらいを中央にポンとのせる。まわりに玉ねぎを並べる。好みでニンニクを入れる。（ガーリックでもよい）

もう一度、水とき小麦粉を流し込み、フタをしたようにする。外に流れないように入れる。

適当な時間でひっくりかえして両面焼く。

できあがり。あとは適当な大きさに切って、好みにより酢じょうゆかカラシじょうゆで食べる。[6]

作ってみると、餅の枠で玉ネギと小麦粉を四角く囲った品ができあがる。これも本物の「焼売《シュウマイ》」とは似ても似つかない料理だ。

「フヨウハイ」「かに玉」と呼ばれるお好み焼きも存在した。これも「シュウマイ」と同じく、支那料理の「芙蓉蟹《フヨウハイ》」＝カニ玉のパロディだ。

雑誌『婦人生活　昭和二八年三月号』の「お友達の集りに・お八つに／楽しいお好み焼」という記事に、作り方が紹介されている。

> かに玉
>
> 　小麦粉を全然使わないで、かにと千切りキャベツ、長葱などに玉子一個又は二個を加えてまぜて焼きます。[7]

墨田区曳舟の美好本店では、現在でも「かに玉」を提供している。同店の「かに玉」も小麦粉の生地を使わない。玉子・玉ネギ・カニの身を混ぜて鉄板で焼き、ソースを塗ったものだ。盛りが良いのが売りの店なので、写真では玉子を四つも使っているが、前掲のレシピのようにもっと少量なのが一般的だった。

　また、横浜市野毛の「お好み焼　みかさ」でも、かつて「かに玉」を提供していたそうだ。こちらでは玉子と長葱、カニの身を混ぜて焼いた品だったという。

　以上に述べた品はすべて、お好み焼きというカテゴリに属する料理だった。「鉄板と水溶き小麦粉を使って、和洋中様々な料理を形態模写したもの」という理由が、おわかりいただけただろうか。

ソース焼きそばはお好み焼きの一種

　そしてソース焼きそばもお好み焼きの一種だったと『お好み焼きの物語』は結論付けている。先に述べた「シュウマイ」「かに玉」と同様に、支那料理の「炒麺《チャーメン》」、日本語で「ヤキソバ」と呼ばれた料理のパロディとして誕生したというのだ。

　支那料理屋において「炒麺《ヤキソバ》」は、ごく一般的なメニューだった。どんな料理だったのか、詳細はまたの機会に譲るが、その「炒麺《ヤキソバ》」は蒸した中華麺を使用していた。それをお好み焼きに流用すれば、支那料理の「炒麺《ヤキソバ》」のパロディとして、まったく似ていないお好み焼きの「やきそば」が出来上がる。

曳舟　美好本店のかに玉（2020年3月撮影）

浅草　染太郎のしゅうまい天（2019年撮影）

味付けにウスターソースを使う点については、『お好み焼きの物語』第10章「戦前のウスターソースの原料は醤油だった！」で詳しく検証されている。ウスターソースのオリジナル、イギリスのリーアンドペイリン社の「ウスターシャソース」について、著者は英文の資料や関係者の証言を引用し、原料に中国産醤油が使われていたことを明らかにする。日本でも国産醤油を使ったウスターソースが醤油メーカーを中心に開発され、遅くとも明治二〇年代には全国に普及していたそうだ。

　また、戦前の料理書には、醤油をベースに酢を加え、野菜や香辛料を煮るウスターソースのレシピが複数残されている。それらの事実を踏まえた上で、お好み焼きの

「天もの」や「焼きそば」の味付けにウスターソースが使われた理由について、次のように述べている。


さて、ようやく先般の疑問に対する答えにたどり着いたことになる。

お好み焼きにおいては、なぜ日本料理である天ぷらのパロディ〝天もの〟や、中華料理のパロディである焼きそばに、醤油ではなくウスターソースを使うのか、という疑問だ。

それはなぜかというと、戦前のウスターソースは醤油を原料としていたからだ。そして、子供相手の一銭二銭の商売では、コストを下げるために、ほとんど醤油と味の変わらないウスターソースを使用していたからだ。[8]

もともとお好み焼きは、先行する洋食屋台をまねたもので、提供する品も洋食が主体だった。洋食にはウスターソースが必須であり、お好み焼き屋台もコストを抑えた自家製ソースを用意していた。それをほかのメニューにも流用し、「天もの」や「焼きそば」の味付けにもソースが使われるようになった。それが同書の結論だ。

ソース焼きそばの具として使われる、キャベツ・青のり・紅生姜・揚げ玉などの食材は、戦前から東京でお好み焼きの「天もの」に使われていたものだ。

揚げ玉（天かす）、ネギ、干海老、スルメ、キャベツ、肉、青のり、紅生姜と、いずれも東京の天ものの常連だ。[9]

あとは中華麺さえあればよい。[10]『お好み焼きの物語』では、戦前の東京での支那料理の普及度合いについても検証されている。明治四〇年代、浅草で大衆的な支那そば屋が相次いで開業した。もっとも有名なのは明治四三年に開業した来々軒だが、それは一例に過ぎず、他にも多くの大衆的な支那そば屋、支那料理屋が営業していた。

昭和八年刊行の『浅草経済学』では、次のように「大正時代初期から末期頃が浅草の中華料理の全盛期だった」と述べている。

浅草での支那料理の全盛期は、言ふまでもなく、大正初期から其の末期にかけた約十二三年間であつた。此の間に於ける浅草の支那料理は、全く群雄割據の時代と見るべき時で、恰も雨後に於ける筍の如く、次から次にと出來ていつたものだ。[11]

お好み焼きと中華麺。明治末期から大正初期にかけての浅草には、ソース焼きそばが生まれる素地がすべて揃っていたことになる。では実際にソース焼きそばが生まれたのは、いつなのか。

大正末期の焼きそば証言

『お好み焼きの物語』には、戦前のソース焼きそばの資料も数多く収集されている。そのうち証言者の生年が最も古い資料は、『近代庶民生活誌18　下町』という本に収録されたものだ。同書では、何人かの下町出身者に明治・大正期の回想を聞き取り調査している。その一人、大正六年・浅草千束《せんぞく》町生まれの井上滝子という人物が、「小さい頃の食べ物」というテーマで次のように答えている。

> お好み焼きも食べました。湊座という芝居小屋の左側に素敵な彫刻がしてある屋台が出ていた。その屋台はおじいさんとおばあさんが引いてくるのだけれど、そこへ行ってお好み焼きを食べました。（中略）「牛天」とか「生姜天」とかもあった。「生姜天」は生姜だけを入れたもの。あと天ぷらかすを少し入れて、メリケン粉を足して玉を作り、ソースを掛けて食べる「上げ玉」。「やきそば」も。[12]

大正六年生まれの「小さい頃」の回想なので、大正末期から昭和初期にかけての証言とみなせる。これ以外の戦前の焼きそばの証言は、昭和一〇年前後のものが多い。ただし、思い出には年代を間違えているケースもある。果たして実際に大正末期にソース焼きそばが存在しえたのか？

ほかのお好み焼きと違って、焼きそばは水溶き小麦粉だけでは作れない。中華麺が必要だ。ソース焼きそばの発祥や伝播を検証する際は、中華麺の入手方法と仕入れ価格が最大の課題となる。

『お好み焼きの物語』では当時の時代背景を検証し、大正時代に別業種が支那料理に参入することで中華麺が仕入れやすくなったのではと推論する。特に西洋料理を中心に提供していた小さなカフェー群が、大正時代に支那そばを提供し始めた点に着目している。中華麺は自家製ではなく、おそらく業者から仕入れていたはずだ、と。

> 西洋料理を主とした小規模なカフェーにおいて、一から中華麺の製麺を行うとは考えにくい。大正時代の浅草には、中華麺の製造業や卸売業が存在し、これらのカフェーに中華麺を供給していた可能性が高いと考える。[13]

それらを考えあわせ、『お好み焼きの物語』では、ソース焼きそばの成立時期を次のように推測している。

焼きそばの初出は浅草千束町のお好み焼き屋台であり、大正時代には既にやきそばが存在した可能性がある（近代庶民生活誌18　下町　南博編集代表）。浅草ではそのころすでに中華麺を容易に入手できる環境にあり、それをお好み焼き屋が導入して、中華料理のパロディである焼きそばをソース味で作ったのではなかろうか。[13]

昭和よりさらに前、《大正時代には既にやきそばが存在した可能性がある》というのが、『お好み焼きの物語』の結論だ。実はその結論は、同書が出版される以前から私が達していた結論とほとんど同じだった。

●この節の要約

・二〇一八年に電子書籍『お好み焼きの戦前史』が刊行され、翌年に書籍化された

・同書によれば、ソース焼きそばはお好み焼きの一種で、支那料理の「炒麺」「ヤキソバ」のパロデ

ィとして生まれた
・最古のソース焼きそば証言は、大正六年・浅草千束町生まれの女性の子供時代で、大正末期から昭和初期頃

第3節　戦前から続く浅草の老舗焼きそば、三軒

私は焼きそばを食べ歩くのを趣味としている。特に焼きそばの起源や伝播を解明するため、なるべく古くから焼きそばを提供している店を訪ね歩いている。その過程で、戦前からソース焼きそばを提供してきた三軒の老舗に出会った。三軒とも浅草周辺に集中しているため、私は「ソース焼きそばは戦前の浅草で生まれた」と考えている。

実はその三軒のうちの一軒は、大正時代から焼きそばを提供しているという。ソース焼きそばはお好み焼きから派生したと思っていた私だが、いくら探してもその店より前にお好み焼きが存在した痕跡を見つけられないでいた。だが『お好み焼きの物語』を読み、お好み焼きが明治末期には存在していたことを知り、ようやくお好み焼きからソース焼きそばが派生

したという結論を確信することができた。

ちなみに、その大正時代から焼きそばを提供しているという店は千束にある。奇しくも、『お好み焼きの物語』で《焼きそばの初出は浅草千束町のお好み焼き屋台》と述べていた説の根拠になった証言と同じ町域なのだ。では、戦前からソース焼きそばを提供している三軒を、創業年が最近の店から順番に紹介していこう。

昭和一二年創業　浅草染太郎

戦前からの老舗、まず一軒目は前節でも触れた、風流お好み焼き・浅草染太郎だ。

染太郎は昭和一二年に西浅草――当時、田島町と呼ばれた地域――で創業した。昭和二〇年三月の東京大空襲で店舗を焼失。元の位置から少し離れた、現在の場所で再建されたのは戦後のことだ。創業以来、浅草の文士・芸人・役者たちに愛されてきた有名店で、店内には彼らの色紙や写真が所狭しと飾られている。

いくつかの資料を参照して、染太郎がどんな店だったのか掘り下げてみよう。

店の屋号は、創業者・崎本はるの亭主だった漫才師・林家染太郎の名前から付けられた。亭主の出征を機に商売を始めたのだが、『如何なる星の下に』の著者・高見順はその段階から関わっている。

屋号はどうしよう？　染太郎でいいじゃないか。その上にぼくが〝風流お好み焼〟とつけた。[1]

高見順は、『アサヒグラフ』の昭和二六年二月二一日号の「自由ガッコ／ヤキくらべ／お好み焼教室」という企画で、女性三人を相手にお好み焼きの焼き方をレクチャーしている。店の名前は出ていないが、壁のメニューなどから染太郎とわかる。実に嬉しそうだ。

高見順の小説『如何なる星の下に』は、昭和一四年に雑誌『文藝』で連載され、翌年に単行本にまとめられた作品だ。染太郎が「惣太郎」という店名に変えて登場し、当時のメニューが詳細に綴られている。その筆頭に《やきそば》の名前がある。

やきそば。いかてん。えびてん。あんこてん。もちてん。あんこ巻。もやし。あんづ巻。よせなべ。牛てん。キヤベツボール。シユウマイ。（以上いづれも、下に「五仙」と値段が入つてゐる。それからは値段が上る。）テキ、二十仙。おかやき、十五仙。三原やき、十五仙。やきめし、十仙。カツ、十五仙。オムレツ、十五仙。新橋やき、十五仙。五もくやき、十仙。玉子やき、時價。[2]

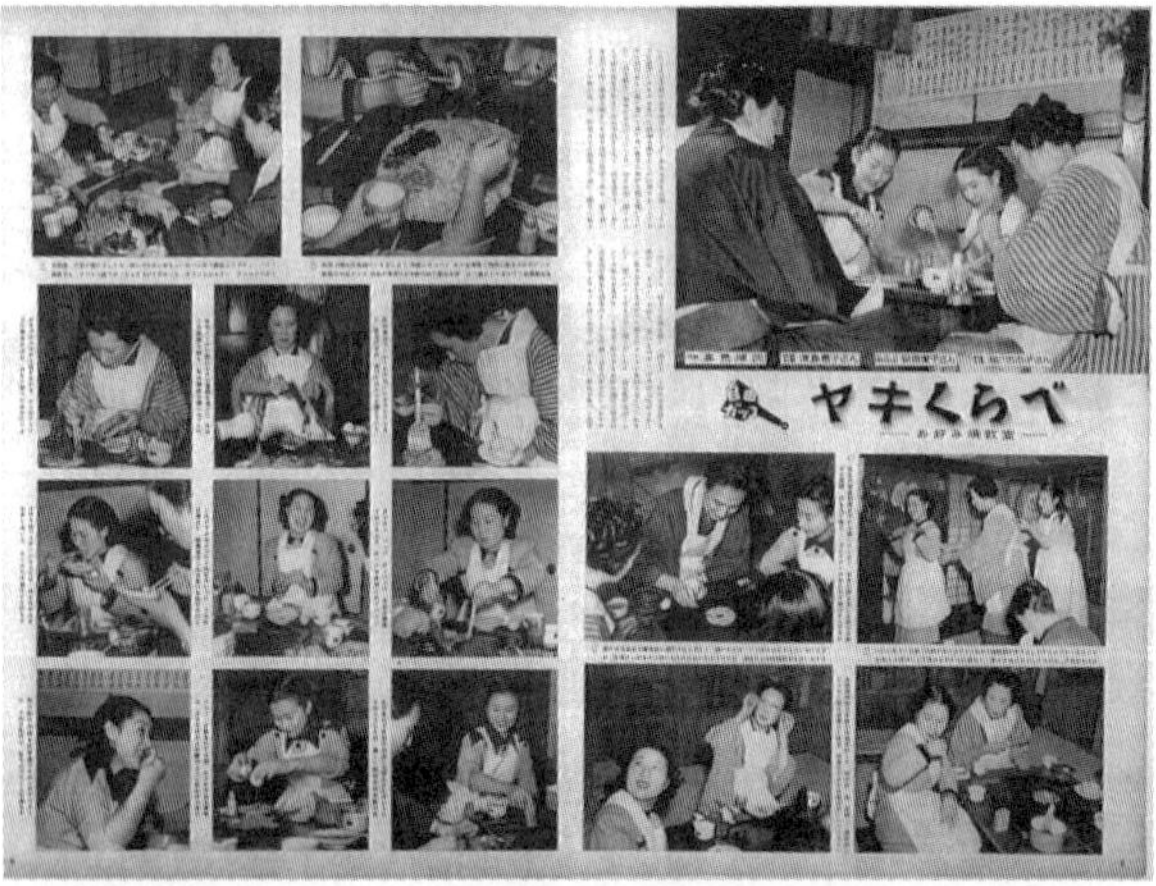

先生の模範的焼き方から願いましょう　中央に卵を落し三原山を表す三原焼　形を丸く整え……ゴクリといわれたのは細川さんですが

『アサヒグラフ』昭和26年2月21日号

戦前の染太郎の「やきそば」は、果たしてソース味だったのか。念のために検証しておこう。

現在の染太郎で同じものを食べられればよいのだが、無印の「やきそば」は染太郎のメニューから消えてしまっている。現在提供されているのは、「五目焼そば」「カルビ焼そば」「豚キムチ焼そば」の三種で、無印の焼きそばはない。しかも、このうちソース味なのは「五目焼そば」だけだ。

また、調理方法も近年変化したようだ。現在の染太郎では、焼きそばの材料を鉄板に広げたあと、具材が盛られていた皿を被せて、蒸し焼きにするのを特徴としている。

しかし、以前はそのような調理法ではなかった。前節で「しゅうまい」の説明を引用した昭和五八年『染太郎の世界』には、「やきそば」の調理方法も書かれている。

染太郎お好焼教室①　やきそば

材料：さくらえび、もやし（1番上に乗せる）、ひきにく、あげだま、キャベツ、玉ネギなどやさい類、やきそば

これらのものを、まわりをかこむようにのせる。

ラードをひいて、ひっくりかえして、テッパンいっぱいにひろげて焼きはじめる。
もやしが下になっているので、この水分が、おそばに吸収されるまでいじらない。
あまり、かきまわさないで、じっくりやくのがコツ。
ウースターなどをかけて、もやしがしゃっきり（かため）のうちに食べる。[3]

同書には、開高健が書き写した昭和四〇年頃の染太郎のメニューも載っていて、そこには《やきそば》と《五もくそば》の両方が存在している。上記「お好焼教室」の「やきそば」は現在の「五目焼そば」とほぼ同じ材料なので、おそらく五目そばの方だろう。具材の盛り付けの順序が多少異なるが、蒸し焼きにする点は今と同じだ。ただ、皿を上に被せるという肝心の手法は書かれていない。昭和五八年と現在の染太郎では、同じ五目焼そば（五目そば）でも調理方法が違うことになる。

これは私の想像だが、時代を経て染太郎の知名度が上がるにつれ、慣れない客が増えたせいではないだろうか。『染太郎の世界』の帯には《アンノン族も魅了したお好焼の元祖》という煽り文が書かれている。アンノン族とは当時の流行語のひとつで、女性誌『ａｎ・ａｎ』『ｎｏｎ-ｎｏ』などに掲載された飲食店・観光地を積極的に訪れる、二〇歳代前半の女性たちのことを指した。おそらくお好み焼きを初めて経験する女性も多かったろう。じっ

浅草　風流お好み焼き染太郎の五目焼そば（2012年撮影）

皿を被せて蒸し焼きにする（2012年撮影）

くり蒸さねばならないのに、勝手に焼きそばをいじる客が多くなり、それを防ぐために皿を被せてしまう方法が考案されたのではないか。私は、そう推測している。

『染太郎の世界』の「やきそば」の作り方には、《ウースターなどをかけて》と書かれているので、昭和五八年にソース味だったのは確実だ。しかし、昔から変わらぬ味とまでは断言できない。今の染太郎の焼きそばからアプローチするのは限界がありそうだ。

ただ、幸いにも染太郎について書き残している文筆家は多い。それらの文章が、戦前の染太郎の味の手がかりになる。

野一色幹夫『夢のあとさき』

『染太郎の世界』の刊行に尽力した一人に、野一色《のいしき》幹夫という作家がいる。彼は『染太郎の世界』で次のように書いている。

> 昭和二十二、三年ごろの、北風の強い日だった。この日、高見さんは戦後、はじめて浅草へ来た。[4]

一方、『夢のあとさき』という野一色の随筆集に、「お好み焼き」という章がある。[5] そちらではこう書いている。

> 親しい先輩の作家、高見順氏が、いまを去る十八、九年前、敗戦の混乱期にはじめてボクの家へ見えられ、一緒に合羽橋通りを歩いたとき

二つの文は同じ出来事の回想だ。《昭和二十二、三年ごろ》が《十八、九年前》だったのは昭和四一年。『夢のあとさき』の出版は平成三年だが、同書収録の「お好み焼き」の章は昭和四一年に書かれた文章だとわかる。野一色はこの随筆「お好み焼き」で、ガン手術を終

えた生前の高見順の言葉を回想している。

「ノイさん（ボクをこう呼んだのは、高見さんが最初である）浅草で〝ソース焼きソバ〟とか、〝カメチャボ〟（牛めし）とか、そういったものが食べたい……」

また野一色の母が亡くなる間際のやり取りの回想もある。野一色が大正一〇年生まれなので、その母となると明治二〇〜三〇年代の生まれだろうか。なんでも食べたいものをと訊いたら、こう応えたそうだ。

「そうだネェー…」

母は、かすかな微笑をうかべながらチョット考えていたが、

「――〝ソース焼きソバ〟をこさえておくれヨ」といった。

タイのサシミでもなければ、ウナギの蒲焼きでもない。いちばん安い〝ソース焼きソバ〟とは……母もやはり浅草の、庶民の子であった――。

最後に食べたいほどソース焼きそばに思い入れのある二人。どちらも明治時代の生まれで

ある。続けて野一色は、《ソース焼きソバ》について熱く語り始める。

〝ソース焼きソバ〟は特にそうだが、〝お好み焼き〟は熱いうちが身上。冷めると、味が半減する。（中略）

焼き方も人によって違うが、キャベツ、モヤシなどの野菜をソバと一緒に焼いては、失敗する。ソバがウマく焼けるまでに、野菜はピタピタになってカタなし…。最初にソバを焼き、適当なころあいを見計らって、赤い干しエビ、あるいは〝牛てん〟用のヒキ肉、天プラの〝アゲ玉〟などを加えて、さらにいため焼きをする。（中略）

〝ソース焼きソバ〟のコツは、野菜を最後に入れることと、いくら〝ソース――〟でも、あまりザブザブかけないこと。ソースの味ばかり強くなると、せっかくの、そのもののウマ味を消してしまう。また、〝ソース焼きソバ〟をさらにウマく食べるには、青ノリをタップリ振りかけること。ご存知ない方は、ぜひお試しになることをおすすめしたい。

さらに染太郎へと話が移り、次のように記している。

高見さんは、〝ソース焼きソバ〟を作るのが得意だったと記憶する。

これらの文を読む限り、高見順が『如何なる星の下に』を書いた当時から、染太郎の焼きそばはソース味だったと考えて間違いなさそうだ。

昭和三年創業　大釜本店の玉子入焼きそば

戦前からの老舗、染太郎に続く二軒目は台東区の清川にある大釜本店だ。

大釜本店は昭和三年に創業した。浅草から南千住との間の隅田川寄り、いわゆる山谷と呼ばれる地域の店だ。周辺には簡易宿泊所、「宿《やど》」に及ばない「ドヤ」が立ち並び、脇道には住人の自転車がひしめくように停められている。

大釜本店が提供しているソース焼きそばは、太めの蒸し麺とキャベツ・モヤシ、挽肉を少々と揚げ玉を使っている。味付けはツクバネソースをベースにしていて、やや汁気が多め。揚げ玉は近隣の老舗天ぷら屋から特別に仕入れている。名物は「玉子入焼きそば」で、わざと黄身を崩して玉子を焼き、焼きそばを包むように絡めた品だ。ちょっと崩れ気味のオムそばと思えばよい。

大釜本店が創業した昭和三年というと、染太郎開業の九年前に当たる。大正一二年に発生した関東大震災の五年後だ。当時の山谷は木賃宿に宿泊する日雇い労働者の街だった。

大正12年の関東大震災で山谷はほとんど全焼し、一時木賃宿は壊滅状態となったがまもなく復興し、その数は約100軒、約5、000人の日雇労働者が宿泊するようになり、街頭における雇用の取引が盛んになった。[6]

震災復興の需要もあり、大正末期から昭和六年くらいにかけて、山谷の労働者人口はかなりの勢いで増えていた。それに伴って、飲食店も増加していた。大釜本店が創業したのはそんな時期だ。


世界的な経済恐慌がおとずれた昭和初年、山谷はその日その日の糧を求める人びとに溢れていた。大正十四年の失業調査によっても、東京市の日雇労働者数、三万七千人余。昭和五年には推定で十三万人余と急激な増加を示している。

(中略)山谷界隈の労働者は、昭和六年には二千五百人余といわれ、いまの泪橋から三ノ輪にかけた一帯は、早朝から労働者の群れで混雑をきわめたという。

この頃になると、山谷のドヤ街も約百軒と増加し、労働者相手の食堂の数も、この界隈で約四十軒。ほかに九軒の〝しるこ屋〟ができていたそうだ。[7]

いまでこそ治安も良くなり、外国人旅行客の利用も増えた山谷だが、往年は日雇い労働者で溢れ、荒事の多い街として有名だった。世間的には、なるべく近寄らない方がよいとさえ言われていた。例えば大正一〇年『東京から　最近実査』という東京案内の「今戸と橋場」という章では、この地域を避けるよう勧める注記がある。

石濱へは南千住線の涙橋で下車するのが近いが、不愉快な道を行かねばならない。向島から白鬚を渡って行く方が氣持がよい。[8]

そんな地域性のためか、戦前に発行された浅草周辺のガイドブックでも、この地域は触られていないことが多い。大釜本店に関する文献・証言も、残念ながら今のところ見つかっていない。せいぜい、昭和九年に発行された『職業別電話名簿　第二四版』で屋号が確認できる程度である。[9] 必然的に昔の話は、お店の方からの聞き取りが中心になる。

大釜本店四代目の青山久子さんによると、ソース焼きそばは昭和三年の創業時から提供していたそうだ。屋台ではなく、最初から店舗業態で開業。大いに流行って、道路に面した鉄板台に行列ができたという。

清川　大釜本店の玉子入焼きそば(2012年撮影)

また時期は定かではないが、最盛期には各地に支店もあった。店内に飾られている木札には「大釜本店さん江」「大釜會」と大書され、その周りに大井、蒲田、巣鴨、滝ノ川、高田馬場、宮仲、寺島、溝の口と、八つの支店の名前が刻まれている。いつか、それら支店に関する資料が見つかることに期待したい。

明治三六年創業　デンキヤホールのオム巻

戦前からの老舗、最後の三軒目はデンキヤホールという店だ。

浅草の千束通り商店街に店を構えるデンキヤホールは、先述の二店より二〇年以上も古い明治三六年の創業だ。創業した当初は、電気器具の修理店だった。創業者の杉平寅造氏は、日露戦争から復員したあと、甘味喫茶に業態を転換した。お兄さんを日露戦争で亡くしたこともあり、女性や子どもにもできる商売をと考えたそうだ。最初期に提供していたのは「ゆであずき」「甘酒」「しるこ」などの甘味類。のちに軽食も扱うようになったという。

こちらの名物はソース焼きそばを玉子で巻いた「オム巻」だ。

千束　デンキヤホールのオム巻（2012年撮影）

中細の深蒸し麺とキャベツを中華鍋で炒め、甘めに味付けしたソース焼きそばを作る。それを薄焼き玉子で巻いて、トマトケチャップを添えれば完成だ。玉子の黄色にケチャップの赤が映える、見た目も愛らしい焼きそばである。

千束は浅草と吉原の間に位置する地域で、かつては千束町という地名だった。明治から大正にかけての千束町は、「十二階下」の異名をもつ私娼窟として知られ、銘酒屋（後に造花屋、新聞縦覧所）と呼ばれる売春宿が立ち並び、私娼が二〜三〇〇〇人も住んでいた。

例えば大正二年に発刊された『記者探訪　裏面の東京』の「千東町探訪記」という章では、江戸以来の色町・吉原よりも娼婦が多いと記述されている。

賣春婦《ばいしゆんふ》の數《かず》は娼妓《しやうぎ》以上《いじやう》
十二階下《かいした》、千束町《ぞくまち》二丁目《ちやうめ》に在《あ》る銘酒店《めいしゆてん》、新聞縦覧所《しんぶんじうらんじよ》の總數《そうすう》は八百七十軒《けん》賣春婦《ばいしゆんふ》總數《そうすう》は實《じつ》に二千三百二十二名《めい》を算《さん》している。[10]

銘酒店あるいは新聞縦覧所というのは、前述した通り、私娼が性的サービスを提供する隠れ蓑だ。同書には相場も書かれている。

　魔女《まぢよ》のいふがまゝに刹那主義《せつなしゆぎ》の享樂《きやうらく》を決行《けつかう》するのはチョンのマといふのだが、此相場《このさうば》は五區《く》六區《く》が一圓《ゑん》五十錢《せん》と振掛けて一圓《ゑん》に妥協《だけう》が出來《でき》る、泊込《とまりこみ》は二圓《ゑん》五十錢《せん》と號《がう》して二圓《ゑん》に負《ま》ける。が、千束町《ぞくまち》はずつと安直《あんちよく》でチョンが七十錢《せん》の泊《とま》り込《こ》みが一圓《ゑん》五十錢《せん》といふのが通《つう》の相場《さうば》だといふ。[11]

大正二年の千束町は、《チョンのマ》＝最短コースが七〇銭、泊り込みが一円五〇銭。五区・六区に比べて二〜三割安かったようだ。現代の相場から当時の貨幣価値を換算すると、一銭が一〇〇円、一円が一万円くらいの感覚だろうか。
『お好み焼きの物語』で取り上げられた、最古のソース焼きそば証言の語り手も、この千束町で生まれ育った人物だった。大正六年・千束町生まれの井上滝子という女性だ。彼女自身は料亭の娘だったが、小学校には女郎屋さんの子が多かったと語っている。

小学校は千束小学校でした。街は今とそんなには変わらないようでした。千束小学校にはあのへんのじょろ屋さんとかの子供が多かった。[12]

私娼、そして彼女たち目当ての男で千束町は大いに賑わい、飲食店も随分と繁盛した。しかし、それも大正一二年の関東大震災まで。震災で浅草十二階・凌雲閣は倒壊。千束町も甚大な被害を受けた。デンキヤホールも被災し、しばらくはトタンの上で営業したという。この震災を機に千束町の活気は失われた。

関東大震災から一〇年後、昭和八年の『浅草経済学』では、千束町の没落した様子について、次のように書いている。

今日の千束町メン、ストリート〔筆者注：メインストリートの意〕は大正時代のそれから見ると、全く活氣がなく、落ちつき拂つてゐる。食堂にしても、其の他の商店にしても、昔の繁昌さを思はせる何ものもない。少くとも他のカフェー街に見るような、華かさもなければ、潑剌たる感じもない。[13]

ただし、デンキヤホールに限っては震災後も繁盛していたようだ。同書では、デンキヤホールが「電気ホール」の名前で紹介されている。

▽安直と獨特とを看板にする電氣ホール。

矢張り舊檢區〔筆者注：旧検区〕内に電氣ホールと言ふのがある。こゝはおでん屋と言ふよりも喫茶店と言つた處であるが、しかし、こゝのおでんは、安直〔筆者注：安くて手軽の意〕と、獨特とを看板とするものだけに随分變つてゐる。殊に場所柄粋な姐さん達が出入するので、其の味も江戸趣味らしく、あつさりとしてゐる。だから三味線片手の姐さん方には、ひどく愛好されてゐる。

本店は千束町の通りであるが、数ケ所に支店を出してゐる。こゝの主人松平君〔筆者注：杉平の間違い〕は、気持ちのよい淡白な人で、インテリだけにわれ〳〵と、妥協し易い人である。松平君の趣味とも言ほうか、こゝはモダン趣味と、江戸趣味とが適度に折衷してゐるので、頗る變つてある。おでんだつて矢つ張りそうである。千束町のメンストリートとして、こゝ位ひ多く人の出這入りする家はない。試みにテンセン〔筆者注：一〇銭〕おでんを召しあがつて見給へ。[14]

昭和八年当時、一〇銭均一を売りにした「十銭（テンセン）ストア」が流行した。ここで紹介されている「テンセンおでん」もそれにあやかった品だったのだろう。ただ、残念ながらオム巻には触れられていない。

オム巻について書かれた文章といえば、染太郎の節で紹介した、野一色幹夫の『夢のあとさき』がある。くだんの昭和四一年頃に書かれた「お好み焼き」の章で次のように書いている。

〝妙なもの〟といえば浅草寿町、あるいは千束町に戦前からある、〝電気屋ホール〟という妙な屋号のシルコ屋兼軽飲食の店では、〝オム巻き〟というフシギな、ウマイものがある。

この店は、戦前、戦中、戦後を通じて、およそ浅草界わいに住む女子学生で知らぬものはないほど、ティーンエージャーの、隠れた町のオアシス。この〝オム巻き〟というのも、いかにも女学生好みの、若い人たちにアピールするところから生まれたもののようだ。一口にいうと、オムレツの中味が〝ソース焼きソバ〟という、いたって単純なものなのだが、食べてみると、味は単純ではない。〝いい年〟したボクらが食べても、なかなかイケる。[15]

明治三六年創業のデンキヤホール。このオム巻は、いつから提供されているのだろう?

「大正初期」という最古の証言

デンキヤホールを訪問した折に、三代目夫人の杉平淑江さんから、オム巻の発祥時期について直に話をうかがってみた。杉平さんは昭和三〇年代の生まれ。常連には浅草の古老も多く、ご本人も歴史好きだ。その杉平さんによると、「大正時代の初期から、オム巻を提供し始めた」と初代から伝えられているそうだ。屋台の焼きそばを見た初代が、それを玉子で巻くことを思いついたという。

また、二〇一二年に初めてうかがった折にも、「一〇五歳になる常連さんが、オム巻を『変わらない味だ』と仰っています」と話してくださった。二〇一二年で一〇五歳だから一九〇七年、明治四〇年生まれ。その常連さんが初めて食べたのが仮に一〇歳だとしたら、大正六年にはオム巻が存在していたことになる。なるほど、大正時代の初期だ。

ここでちょっと気になるのが、二〇一〇年頃のデンキヤホールのパンフレットだ。そこには、オム巻の発祥について次のような文章が載っていた。

日露戦争から復員後の明治後期当店初代の杉平寅造が食べ歩きと称し諸国漫遊の折、食いだおれの地浪速で口にしたのが焼きそばとも卵焼きともつかぬ珍なる味。だが感ずるものがあって試行錯誤を重ねて江戸の下町の味に仕立てたのがヤキソバをオムレツで包んだオム巻。これが新しもの好きの浅草で評判となり以来百有余年元祖デンキヤホールのオム巻としてエンコ〔筆者注：浅草公園の愛称、「コウエン」の逆読みで「エンコ」〕の味になりました。[16]

同じ内容が、二〇〇九年に発行されたdancyu特別編集『ソース焼きそばの本』にも要約されて載っている。

この寅造さん、実にハイカラだったようで、諸国漫遊食べ歩きの際、大阪で出会った味にピンときて、創意工夫の末に生み出したのが、オム巻なのだ。[17]

明治後期の浪速《なにわ》＝大阪に、すでに焼きそばが存在したのだろうか？　疑問に思い、杉平さんにぶつけてみたところ、「食べ歩きで大阪で出会った味……そのような話は初代から聞いた覚えがない」との答えだった。私が思うに、「焼きそばは大阪で生まれた」という俗説を受けて、後年そのようなエピソードが創作されたのではないだろうか。

第4章で詳しく述べるが、大阪における戦前のソース焼きそばの証言は、一件だけしか見つかっていない。その一件を除いた多数の証言は、東京の下町に集中している。ゆえに大阪でのソース焼きそば誕生説は根拠が乏しく、オム巻のルーツとしては考えづらいのだ。

ほかにもオム巻について、杉平さんは覚えている限りの話を語ってくださった。いわく、戦前には鈴木製麺所という蕎麦屋さんに、深蒸し麺を発注していた。調理方法は創業当時から中華鍋を使っていた。鍋焼うどんなど他のメニューも出していたので鉄板ではない。以前の店舗のトイレにあった鏡には「ヒヨドリソース」の名前があった。古いメニューや伝票などは、関東大震災と空襲ですべて焼失してしまった。などなど。

私が知る限り、これが最も古いソース焼きそばの証言だ。大正六年というと、太平洋戦争終戦から数えて三〇年近く前。現在からだと一〇〇年以上前だ。

『お好み焼きの物語』の最古のソース焼きそば証言も大正時代の千束町だった。しかし、あちらはあくまでも大正六年「生まれ」。仮に小学校一年生の思い出だったとしても大正一三年。関東大震災の翌年で、大正時代の後期である。デンキヤホールの「大正初期」が正しいのなら一〇年近く遡ることになる。

一〇年の違いなんて大した差ではないように思われるかもしれないが、簡単に考えるのは禁物だ。『お好み焼きの物語』では、大正時代に蕎麦屋やカフェーが支那そばを提供するようになって、中華麺を手に入れやすい環境ができたとされている。大正初期は、その環境がまだ整っていない時期なのだ。

そんな時代の大正初期に、オム巻やソース焼きそばがすでに存在していたなんて、果たしてありうるのだろうか？

次章で、その可能性について検証したい。

●この節の要約

・戦前からソース焼きそばを提供している店が、浅草周辺に三店現存している

・西浅草の浅草染太郎、清川の大釜本店、千束のデンキヤホールがその三店

・デンキヤホールでは、大正時代の初期から「オム巻」を提供し始めたと語り継がれている

第2章

ソース焼きそばの発祥に迫る

前章で紹介したように、私が知っている最も古いソース焼きそばの証言は、デンキヤホールのオム巻に関するものだ。
《大正時代の初期から、オム巻を提供し始めたと初代から伝えられている》
《明治四〇年ごろ生まれの常連さんが「変わらない味だ」と言っている》
当たり前だが、オム巻の前に必要なのが、ソース焼きそばそのものだ。ソース焼きそばが先行して存在しなければ、オム巻は出現し得ない。したがってまずはソース焼きそばの存在可能性を探ってみたい。
想定する時期だが、少し緩めて大正七年にしたいと思う。なぜなら前章で見た大正七年の読売新聞（三一頁）によれば、当時すでに「シウマイ」を提供していたお好み焼き屋台が存在しているからだ。
大正七年には、「やきそば」と同じ支那料理のパロディ「シウマイ」が存在した。ではその大正七年に、ソース焼きそばも存在した可能性があるか、思考実験的に検証してみよう。

第1節　大正七年のソース焼きそば思考実験

大正初期に中華麺を仕入れるには？

前章でも述べた通り、ソース焼きそばの成立には、中華麺の入手方法と仕入れ価格が最大の課題となる。『お好み焼きの物語』によれば、大正も時代が進めば別業種の支那料理参入でその問題はクリアされる。しかし大正初期は、まだその状況に至っていない。

支那料理屋から麺を卸してもらうことはできただろうか？　例えば来々軒の場合、横浜から連れてきた職人による竹を使った手打ち麺（竹昇麺）だった。来々軒が製麺機を導入したのは昭和に入ってからだ。[1]

竹昇麺は、栃木の佐野ラーメンや福島の白河ラーメンで現在も行われている製麺法だ。中国政府がまとめた『中国名菜譜』の日本語訳[2]を参考に製麺法を解説しよう。

小麦粉に水・塩・かん水を加えて練った生地を麺台に乗せ、一・八メートルほどの竹竿を横たえ、一端を固定してもう一端に片足をかける。リズムよく身体を上下させ、竹竿に全体重を乗せて生地を伸ばす。伸びた生地を何度も折りたたんで薄くしてゆく。厚さが一・五ミリになったら、包丁で細く切りそろえて麺にする。

竹昇麺は機械製麺と比べて格段に手間のかかる製麺法だ。当該店で使う分だけならともかく、他所の分まで請け負うほどの余剰生産力は期待できないだろう。仮に卸してもらったとしても、相当高価になってしまう。来々軒以外の支那料理屋も機械製麺が昭和に入ってからだとしたら、大正初期の仕入れ先としてはあきらめざるを得ない。

では大正時代初期に、どこから中華麺を手に入れればよいのか？

明治末から大正初期の支那そば屋台証言

参考になりそうなのは支那そば屋台だ。明治末期から大正初期にかけて、東京には支那そばの屋台がポッポッと出没していた。

明治一五年に神戸で生まれ、長崎で育った平山蘆江《ろこう》が、昭和二八年に『東京おぼえ帳』という随筆を出版している。それによれば《日露戦争を終った頃》（明治三八年頃）から、東京に支那そばの屋台が現れるようになったという。

明治も日露戦争を終つた頃から、東京の夜の町にはチヤルメラの音が悲しく響きはじめた、チヤアシウ麺とかワンタン麺とかラア麺とか油つぽいのが、鍋やきうどんや風鈴そばやを追払つて、そばやの見世の中へ天どんと共に割り込むやら、折角、意気なあんちやんの腰かけぶりも台なしに怪しげな円てえぶるや、半こわれの椅子席が、やぶそばの看板の家にさへ据ゑつけられるやうになつたのだ。[3]

永井荷風は昭和二年の随筆で、明治四〇年に出版された書籍を引用し、支那そば屋台の出現を明治四〇年より後だったか、と疑問形で回想している。

此書〔筆者注：『當世風俗五十番歌合』〕は明治四十年の出版であるが、鍋焼溫飩の圖を出して、支那蕎麥屋を描いてゐない。之に由つて観れば、支那そばやが唐人笛を吹いて歩くやうになた〔筆者注：原文ママ〕のは明治四十年より後であらう歟。

支那蕎麥屋の夜陰に吹き鳴す唐人笛には人の心を動す一種の哀音がある。曾て場末の町の晝下りに飴を賣るものゝ吹き歩いたチヤルメラの音色にも同じやうな哀愁があつたが、これはいつか聞かれなくなつた。按摩の笛の音も色町を除くの外近年は全く絶えたやうである。されば之に代つて昭和時代の東京市中に哀愁脉々たる夜曲を奏するもの、唯南京蕎麥賣の簫があるばかりとなつた。[4]

二人の回想が確かなら、支那そば屋台の出現は明治三九～四一年頃のようだ。鍋焼うどんなどと同じく、主に下層労働者を相手に商売していたらしい。

大正時代になると、当時の支那そば屋台の描写が散見されるようになる。まず大正元年に出版された島崎藤村『出発』から。

鳥が啼いたかと聞き違へるやうな調子の高い物売の笛（中略）悩ましい夢心地で聞いた物音は支那蕎麦を売りに来たのだと気が着いて見ると、夜の更けたことが知れた。[5]

続いて、『経済時報　大正二年一一月号』所収、「商売百種　南京蕎麦屋」には、こう書かれている。[6]

昨今では町内に普通の蕎麥屋と同じく南京蕎麥屋が巾を利かせ殊に淺草公園などは來々軒、東京亭、石川バーなど續々開業（中略）而して又鍋燒饂飩のやうに晝夜行商して居るものも尠くない（中略）鍋燒饂飩同様夜間で呼聲をしないかわりにチヤルメラを吹いて居る（後略）

こちらも大正二年。朝日新聞の「銀座界隈」というコラムから。

吼《ほ》ゆる様《やう》な「お稲荷《いなり》さん」のすし賣《う》る聲《こゑ》や、支那蕎麥《しなそば》の屋臺店《やたいみせ》が行き過《ゆ》ぎてから、早《は》や小《こ》一時間《じかん》も經《た》つた頃《ころ》、[7]（後略）

少し時代が下って大正八年。江戸川乱歩は、まだ作家として売れぬ時代に、支那そば屋台を引いていた。一晩に一〇円以上売り上げ、純益が七円ほどになることもあった。たった一〇日間ほどでやめたらしいが、儲かる商売だったと言っている。

ソコデ思ヒツイタノガ、無資本デヤレル支那ソバ屋デアツタ。チヤルメラヲ吹イテ歩クアノ支那ソバ屋デアル。（中略）ウマク行クト一晩ニ十円以上ノ賣上ガアツテ、純益ガ七円ホドニナルノデアツタ。[8]

支那そばだけでなく、大正九年には《支那料理の一品売の屋台》まであったらしい。室生犀星が次のように書いている。

> ときには暗い行止まりかと思はれるほどのゴミ箱のかげからも、ひょんな支那料理の一品賣の屋臺の裏のほうからも、[9]

これらの屋台を出すには、中華麺や支那料理の材料をどこからか入手する必要があったはずだ。前掲の『経済時報　大正二年一一月号』では、「南京蕎麦屋」を開業する場合、仕入れについては心配無用と言っている。

> 而して仕込みは一番世話なしで先方から配達してくれる

どういうことかというと、配達までしてくれる「先方」イコール卸元がいたのだ。特に屋台の場合は、屋台の貸主が卸元を兼ねていた。

少し時代は下るが大正一五年に出版された『裸一貫生活法』[10]にも、ワンタン屋や支那そば屋を始める場合、屋台だけでなく材料一切を貸してくれると書かれている。支那そばに限らず当時の露店貸しは、こういうシステムが一般的だった。

身ひとつで開業できるからこそ、江戸川乱歩は《無資本デヤレル支那ソバ屋》を選んだし、製麺の道具や修行などの元手をかけていないから、たった一〇日で躊躇なくやめることもできたわけだ。

しかし、その卸元はどのような製麺方法だったのだろう? 同時代の来々軒のように手打ち麺(竹昇麺)では、割に合わないのではないか?

大正三年の支那そば屋台体験記

ここに当時の支那そば屋台に関する、詳細な体験記がある。大正三年刊行の『新公論 八月号』に掲載された「実験百生活 支那蕎麦行商の記」という文章だ。[11] ラーメンの歴史を知る上での貴重な記録だが、ここでは本稿に必要な個所だけ、ざっと紹介しよう。

筆者の汀花生(以下、汀)は、金に窮した若者らしい。《どんな辛い仕事でもどんな劣等な職業でも甘んじてやらなくてはならない》と決心し、青年会の紹介状を携えて、浅草は今戸町に住む支那そば屋台の親方を訪れた。

今戸町は浅草寺の北東、待乳山《まつちやま》聖天の裏側に位置する。隅田川と山谷堀が合流する地点の北側だ。汀は「売子募集」の貼り紙がある二階建の家屋に入り、応対した親方に来意を告げた。

親方は廣《ひろ》い額を上げて、慧《さか》し氣な柔和《にふわ》な眼で自分を見乍ら支那《しな》料理《れうり》、通例《つうれい》「ワンタン屋」と云ふ物《もの》を説明《せつめい》し出《だ》した。

「つまり仕事《しごと》は何でもない樂《らく》な事なんですから、おやりになるなら行《ゆ》つて御覧《ごらん》なさい。私の方ではたゞ料理《れうり》の原料を賣《う》るのが商賣《しやうばい》なので、御覧《ごらん》なさいあ、云ふ風《ふう》に……」

半身《はんしん》を起して左手で障子《しやうじ》を押し開けて煙管《きせる》で土間《どま》の方を指した。土間《どま》は四坪か五坪位、真中《まんなか》に大きな製麵機《せいめんき》があつて、其前に平たい大きな臺《だい》がある。右手の戸口によつた所には薄《うす》い大きな釜《かま》……むしろ鍋《なべ》がある。左手には天井から豚《ぶた》の半裁《はんさい》したのが二つつり下げてあつた。小僧が二人忙がし相《さう》に葱《ねぎ》を切つて居《ゐ》た。

親方《おやかた》はシウマイ（焼賣）の作り方、ワンタン（雲呑）の皮を拵へる機械《きかい》のこと、賣子《じ》が大抵《たいてい》苦學生《くがくせい》であること、勞働時間《らうどうじかん》は夕方から夜の一時頃《じごろ》までゞあることなどを細々自分《ぶん》に話《はな》してくれた。

支那そば屋台の親方の家には製麺機があった。来々軒の製麺機導入は昭和期だったが、大正三年の時点で支那そばの機械製麺はすでに行われていたわけだ。また、豚の半身も吊るされていたのだから、各部位への解体もここで行われていたことになる。

《私の方ではただ料理の原料を売るのが商売》と明言している点も興味深い。関東のロードサイドを中心に展開している豚骨醤油ラーメンチェーン、「ラーメンショップ」のビジネスモデルに通じるものがある。[12]

続けて汀は、屋台を始めるのに、元手がいくらくらいかかるか質問する。親方は二円の保証金だけで、売り子を始められると答える。

「御始めになるとしてもいくらも要りやしません。此方では入會保證金《ほしようきん》として初めに二圓頂《いただ》く事《こと》になつて居《ゐ》ますが、是れはつまりその日の原料代になる譯で……さう一寸勘定して見ると、生肉が百目八錢の割合《わりあひ》、燒肉が十五錢、ワンタンが一斤四錢の割《わり》、シユーマイが一つ八厘、竹の子が○錢、蕎麥が一つ一錢だから二圓だと可成品物《かなりしなもの》がありますよ。それでワンタンが一斤《きん》で十一杯は出來るから是《こ》れが一番《ばん》よく儲かります。其次が蕎麥《そば》です。ワンタン一杯に入《い》れる分量《ぶんりやう》は、ワンタンが十一ケと燒肉《やきにく》が三四斤竹《きんたけ》の子《こ》が少し、それにソツプ〔筆者注：スープのこと〕、醬油《しやうゆ》、葱等《ねぎとう》の代を加へても一杯二錢六厘から二錢八厘にしかならない。そいつを一杯六錢に賣《う》るんですから、先づ一杯で三錢儲かる譯で、かりに一晩に三十杯も賣《う》れると、まあ九十錢の儲ですね。其中《そのなか》から炭代車代合《すみだいくるまだいあ》はせて三十錢引いても純益が六十錢。其上シユーマイや饅頭等《まんぢうなど》も賣れるから商ひに出《で》さへすれば樂な者《もの》で、結局月《つき》にすれば平均二十圓から三十五六圓位の所《ところ》でせうね。」

親方の説明によると、中華麺は一人前が一銭、それを含めて原材料費は一杯につき二銭六厘から八厘。それを一杯六銭で売るという。大正三年、東京の支那そば屋台でスープに醤油が使われ、チャーシュー・メンマ・ネギがトッピングされていたことも明らかにされている。明治四三年創業の来々軒が始めたとされる醤油ラーメンだが、そのわずか四年後の大正三年に、支那そば屋で当たり前のように提供されていた。この事実を目の当たりにすると、醤油ラーメンが来々軒で生まれたという説は疑わしく思える。

その翌日、当該レポートの著者は一晩、先輩の屋台についていき、どういう商売か見てみることになった。案内をしてくれた鈴木さんは、チャルメラを吹いて屋台を引き、慣れた手つきでワンタンや支那そばを売り歩く。その合間にスープの仕込み方や商売のこつを教えてくれる。

「今日は鶏《とり》の骨《ほね》がなかつたので豚《ぶた》の骨のソツプです」鈴木さんは微笑《びせう》しつゝ、言つた。

スープの出汁は、鶏ガラも豚骨も仕入れ次第で臨機応変に使っていたようだ。汀は鈴木さんに《支那料理にどれだけ種類があるか》と質問してみた。《随分沢山あるが、行商の車で出来るのは》と前置きし、次のように説明する。

焼賣（シユーマイ）一ヶ一錢　ソース、又は醬油《しやうゆ》をかけて食ふ
雲呑（ワンタン）
　並一杯六錢　ワンタン十一二、焼肉三四片、葱、胡椒、柚子を入れる
　特別は十錢　ワンタン十五六焼肉六七後は並に同じ
蕎麥、肉絲麵とも云ふ　雲呑が蕎麥に變る丈け其他は皆同じ、並、上あり、
叉焼麵（チヤシユーメン）　蕎麥に焼肉の數が增える丈け八錢乃至十錢
叉焼雲呑麵（チヤシユーワンタンメン）ワンタンが七ツ
蕎麥が半分焼肉六片、葱、胡椒、竹之子等十二錢

残念ながら屋台なので焼きそばは見当たらない。ただ、シューマイにソースをかけたり、支那そばを《肉絲麺とも云う》と書かれていたり、チャーシューメンやチャーシューワンタンメンもすでに存在していたり、チャーシューワンタンメンの場合は麺を半分にしていたり、参考になる記載が多い。

大正三年の浅草では、今戸町に支那そば屋の親方が住んでおり、機械製麺された支那そば

を、一玉一銭で売り子に卸していた。屋台の売り子は横のつながりもあったろう。求められたなら、お好み焼き屋台へも卸したと考えられる。

明治四五年の千束町・中華楼訪問記

もうひとつ、資料を提示したい。大正三年から二年遡った明治四五年／大正元年に、千束町にあった「中華楼」を訪れた記録だ。

千束町の中華楼は明治四一年に創業した支那料理屋だ。昭和八年の『浅草経済学』では《浅草の支那そば屋の元祖》と呼ばれている。

明治四十一年平野が、支那料理を廢業すると、殆ど入れ替りに、矢張り千束町の通りに、中華樓と言ふのが出來た。こゝは支那ソバ屋としての組織であつたから、つまり此の意味に於ては、淺草に於ける元祖である。

卽ちこれまでの支那料理店と異なり、支那そば、シユーマイ、ワンタンを看板とするそば屋であつたのだ。

中華樓は現在尚ほ、開業當時の場所に於て、開業當時と同じ營業をやつてゐるので、淺草での支那料理は、こゝが元祖であり、老舗でもある。（中略）開業當時から、支那人のコックを雇ひ、シユーマイ一錢、ワンタン六錢、支那ソバ六錢で賣り始めたものだ。[13]

昭和一三年の『江戸と東京』でも、《東京に於ける支那そば屋の元祖は、浅草千束町の中華楼》と評されている。現在の通説では、来々軒が東京ラーメンの元祖と言われているが、当時の人々の認識では千束町の中華楼が支那そばの元祖だった。

東京に於ける支那そば屋の元祖は、淺草千束町の中華樓がそれである。中華樓の開業は明治四十一年で、その頃支那料理店の濫觴期であつたから、淺草にあつても二三の支那料理店が出來たり廢業したりしてゐた。（中略）
つまり中華樓は、最初から、支那そば、シユーマイ、ワンタン、肉饅などの切り賣りを専門としてデビユーしたものであつた。
中華樓は、現在猶ほ千束町通りに、昔ながらの營業を續けてゐる。[14]

その中華楼を明治末年に訪れた者がレポートを遺している。明治四五年四月発行の『新小説　第一七年　第四巻』に収録されている、「千束町の印象」という記事だ。[15]

千束町の通りは、吉原へ行く道と、銘酒屋から出て來る道とに當つて居るので、雑沓殊の外である。恁《こう》した町柄だから、飲食店が多い。普通飲食店あり、西洋料理あり、牛屋あり、馬豚肉屋あり。就中《なかんずく》支那料理に至つては、僅な町の中に於いて、十數件〔筆者注：原文ママ〕を數へ得べきである。之れを大きく言はうなら、千束町へ足を入れゝば、すぐに支那料理の香に鼻を撲たれるといふも差支へはない。

なんと明治四五年には、千束町に十数軒の支那料理屋があったという。私娼窟という場所柄、「精のつく料理」としての需要もあったのだろう。

僕はあまり、支那料理を好まぬ。しかし、千束町へ這入つて、これを味はぬは、恰かも千束町へ這入つて、銘酒屋を一覧せざると同じ憾の有るやうに思はれてならぬところからして、まづ名前に聞いて居る「中華樓」といふに這入つて見た。

中華楼の開業は明治四一年で、来々軒に先立つこと二年。中華楼以前に浅草で開業した支那料理屋もあったが、どれもすぐに廃業してしまい、当時の千束町の支那料理屋では、中華楼が一番の老舗だった。

支那菓子と例のシユーマイといふものが出た。それから、何か旨いのをと注文すると、間もなく出たのが、蟹と椎茸と玉葱を叩合せて、鶏卵で閉ぢたのである。次には、青豌豆と鶏肉の小さく切つたのを味をつけて盛つて出した。が、仲々旨かつた。下手な西洋料理や日本料理などの迚《とて》も及ばない味がある。支那料理といふものは、これだけまでに旨いものかと思つた。

《蟹と椎茸と玉葱を叩合せて、鶏卵で閉じたの》は、戦前の支那料理屋の定番メニュー、「芙蓉蟹《フヨウハイ》」だろう。《青豌豆と鶏肉の小さく切ったの》は「青豆鶏丁」か。おそらくあっさりした塩味で、当時の日本人にも受け入れやすい味だったと思われる。

一體この中華樓といふは、千束町での支那廣東料理の元祖である。今日勞働者までも、他の蕎麥屋へ這入ると同じやうに、容易く這入つて、容易く食つて、容易く其の味を賞美し得るやうになつたのは、此の中華樓の功與《あずか》つて力有るのである。中華樓には、現今、三人の支那人を雇傭して居る。

ここの《支那広東料理の元祖》という記述で、千束町に存在した中華楼が広東料理屋だったことが判明した。「炒麺」「ヤキソバ」を提供していた可能性が高まる。

十数軒も支那料理屋があったのなら、そのうちの何軒かは製麺機を導入していたり、支那料理や食材を小売りしていても不思議ではない。こういう特殊な場所だからこそ、二つしかない大正時代のソース焼きそば証言が浅草の千束町に集中しているのでは、とさえ感じる。

大正七年のソース焼きそばの売値を見積もってみる

大正初期に中華麺を仕入れる当てはついた。次に検証すべきは、仮にソース焼きそばを売る場合の価格だ。

お好み焼き屋台は子供向けなのだから、高過ぎてはいけない。『お好み焼きの物語』によれば、大正七年のお好み焼き屋台でエビ天が一銭、最も高い西洋料理・玉子焼で五銭だった。焼きそばの売値も五銭以内に収まることが求められる。ちょっと試算してみよう。

まず、大正七年前後に大きな物価変動はなかったか。特に支那そばの仕入れ価格の変動有無を知りたいので、支那そばの売値を確認してみよう。

大正三年の支那そば体験記によれば、屋台の支那そばが六銭、麺の仕入れ値は一玉一銭だった。一方、明治四一年創業の千束・中華楼は支那そば一杯六銭で開業した。明治四三年創業の来々軒も、大正二年頃とされる外観写真で《シナソバ六銭》という看板が確認できる。[16]

つまり、明治四一年から大正三年まで、支那そばの相場は六銭のまま変動していない。その間の麺の仕入れ値も、一玉一銭程度だったと見積もれる。

その後、大正三年に開戦した第一次世界大戦の影響によって徐々にインフレが始まり、地主・米商人らによる売り惜しみ・買い占めを始めとする複合的な要因によって、大正七年に米価が暴騰した。同年夏、富山での資産家宅の打ちこわしに端を発した暴動は、やがて全国に波及して米の安売りを求める大騒乱となり、軍隊が鎮圧に出動するに至った。いわゆる米騒動である。その影響で、白米ほどではないが小麦粉も高騰した。昭和四五年に刊行された『パンの明治百年史』によれば、小麦粉は大正三年の頃に比べて、大正八年には約二倍の値段になったという。

ハ、小麦粉相場の推移

開戦〔筆者注：第一次世界大戦〕の年（大正三年）の小麦粉一袋あたりの相場は五円十六銭であつたが、大正八年にはそれが十円五十七銭まで暴騰した。それが八円二十四銭まで下つたのは大正十年であったが、十四年には再び十円まで値上がりした。この期間の最低値を一〇〇とすると最高値は二〇五である。[17]

ただ、『お好み焼きの物語』に引用されている大正七年のお好み焼き屋台の記事は三月で、米騒動での値上がり前だ。『週刊朝日編　値段史年表』によれば、明治末からその頃まで、小麦粉の価格は比較的安定していた。[18]また、次節でも触れるが、明治末から大正初期は、むしろ小麦粉の価格が暴落するのを防ぐため、大手製粉業者でカルテルが結ばれるような時期だった。米騒動より前なら、一玉一銭から大きく変わっていないはずだ。

結論として、明治四一年から大正七年の夏に米騒動が起きるまで、支那そば屋台の中華麺の仕入れ価格は、一玉一銭程度だったと見積もってよい。

ここまでわかれば、仮にソース焼きそばが存在した場合の売値も算出できそうだ。実際は蒸し麺なので手間賃が少々プラスされるだろうが、小麦粉の価格に比べれば微々たるものなので誤差範囲と考える。大正七年三月のお好み焼き屋台のメニューをもう一度見てみよう。

△エビ天プラ一錢△イカカキアゲ一錢△モチフライ一錢△カツレツ一錢△シウマイ一錢△ドイツヤキ一錢△アンコヤキ一錢《せん》△ヲシロコ一錢／など總《すべ》て三十一種《しゅ》、大抵《たいてい》のものは一錢《せん》ですが、お辨當《べんたう》とお壽司《すし》が二錢《せん》、西洋料理《せいようれうり》と玉子焼《たまごやき》が五錢《せん》です。[19]

「エビ天（エビ天プラ）」は一銭。一銭洋食と呼ばれる語源だ。飲食店の原価率は、一般的に三割程度が理想と言われている。このお好み焼きも原価率が三割だとすれば、原価は三厘ほどのはず。焼きそばを作る場合、水溶き小麦粉の代わりに原価一銭の中華麺を加えることになる。差し引きで原価が一銭二厘とすると、原価率三割で儲けを出すには売値を四銭にすればよい。

同じ屋台では、「西洋料理五銭」「玉子焼五銭」という品々も売られていた。四銭の焼きそばなら、お好み焼き屋台で扱う範囲に収まる。また、子供向けということで麺一玉を二～三人前に分けてもよい。大正三年のチャーシューワンタンメンは麺を半分に分けて使っていたし、後述するが、戦後のヤミ市では麺一玉を三人前に分割した実例がある。それなら二～三銭の売値で提供できる。

つまり、大正初期に中華麺を仕入れてソース焼きそばを作った場合も、子供向け屋台の価格帯で提供することは十分に可能なのだ。仕入れと価格の問題はクリアできた。あとは焼きそばのアイデアを発想できたかだ。

この屋台のお好み焼きは全部で三一種を数える。レパートリーとして、なるべく多くのネタ元を探さなければ、この数にはならない。そしてなにより注目したいのは、「シウマイ」が実際に提供されている点だ。支那料理のシウマイの模倣が一銭で売られている。この時点で同じ支那料理の「ヤキソバ」をネタ元にしようと発想しても、まったく不思議ではない。むしろ記事で言及されていないだけで、この店の三一種のメニューの中に、焼きそばが存在していたのでは、とさえ思える。

大正七年の時点でソース焼きそばが存在した可能性は高い。決定的な証拠はないが、以上の思考実験を経た私の結論だ。

デンキヤホールと「ゆであずき」

さて、大正七年にソース焼きそばが存在したのなら、オム巻もありうるのか。この答えが難しい。オム巻があったという根拠は、いまのところ関係者の証言だけだ。デンキヤホールは戦前の書籍でも紹介されているが、そこにオム巻への言及はない。資料ベースの検証なら、これはありえないと判断する。関係者が年代を間違えて記憶していたと考えるのが普通だ。

しかし、取材にご協力いただいたひいき目もあるのだが、「千束町」「デンキヤホール」でなら、ありえそうにも思えてしまうのだ。

否定的な材料を検証しよう。まずオム巻で使う鶏卵の価格について。

大正時代初期、鶏卵はかなり高価だった。『週刊朝日編　値段史年表』で当時の鶏卵の価格を調べると、一個あたり三〜四銭になる。大正七年のお好み焼き屋台では、先の読売新聞記事によればエビ天が一銭に対して、玉子焼が五銭。記事に《玉子の瓶》とあるので、丸々一個ではなく卵液を使っているのだろうが、それでも五倍の開きがある。中華麺に加えて玉子も使ったら、子供向け屋台の価格帯には収まらない。

うどん粉《こ》の甕《かめ》、餡《あん》の壺《つぼ》、玉子《たまご》の瓶《かめ》など道具《だうぐ》をよき程《ほど》に列《なら》べてから、ドン〳〵ドン〳〵と太鼓《たいこ》を打《う》つと、そこらに遊《あそ》んでゐた子供達《こどもたち》が、バラ〳〵と駈《か》け出《だ》して來《き》て、屋臺《やたい》の廻《まは》りを取《と》り巻《ま》く。

ただしデンキヤホールは大人向けの店だ。しかも大正時代の千束町は色町だった。「鶏卵は高かったが、金回りの良い職人衆や稼ぎのよい姐さんたちなら、ハレの日のご馳走に食べることができる価格だった」と杉平さんは仰っている。銘酒屋へ行く前に精をつける目的での需要も考えられる。

また、同じ町内にあった中華楼では、明治四五年の時点で鶏卵を使った芙蓉蟹《フヨウハイ》が実際に提供されていた。中華麺と同様、鶏卵もこの町ではいくらか身近な食材だった。一般的には高価でも、千束町の客層なら許容範囲内だろう。

次に店舗業態で焼きそば・オム巻が売られる点についてはどうか。

そもそもお好み焼きは明治三〇年代に子供向けの屋台として始まった。『お好み焼きの物語』によれば、《お好み焼き店舗の最も古い記録》は《大正八年から一二年までのどこかの時点》だ。[20]それ以前に店舗業態でお好み焼きを提供していた記録はいまのところない。お好み焼きといえば屋台しかなかった時代に、店舗で提供することはありえるのか？

普通なら「ありえない」と答える。しかし、デンキヤホールに限ればそうとも言い切れないのだ。デンキヤホール創業以来の名物は「ゆであずき」という甘味だ。その由来だが、《屋台で営業していた「ゆであずき売り」を見て、初代の祖父が店舗で出したらどうか？と考案し始めた》とされている。[21]屋台の品をあえて店舗で提供し始めた前例が、この店ではすでにあるのだ。

デンキヤホール創業者の杉平寅造氏は、そもそもの発想が常識の枠外なのだ。それこそ《頗《すこぶ》る変《かわ》って》[22]いた、独創的な人物だったのだろう。

実はデンキヤホール創業と同時代に、店舗でゆであずきを出したほかの例がある。証言するのは明治二二年生まれの童話作家・渋沢青花。露店や駄菓子屋でしか出していなかった時代に、甘味類に役者の名前をつけて出す《珍しい趣向の新しい店》が、浅草の芝居小屋の隣にできたという。所収本の「あとがき」によれば、明治三一～三五年頃のこと。ちょっと長いが、子供の頃の感動が伝わる名文なのでそのまま引用したい。

品のいい、したがって値段も高い、子供たちが入るのにはふさわしくないような店だったが、一度わたしは食べに入ってみた。そしてゆで小豆を食べてみたところが、白砂糖だけで煮たうえにアクだしがしてあるとみえ、紫色に澄んだ汁のまわりが縁どったように水色に透いて、大納言小豆は美しい色にふくらんでいた。その味もまた、そこらで売っているようなあくどいものではなく、上品な甘さだった。わたしはその後ずっと、いまだにその味が忘れられない。普通のゆで小豆は二銭くらいだったが、この店のは値段が倍以上だった。[23]

おそらくデンキヤホールの「ゆであずき」も当時の多くの子供たちに、渋沢青花と同じような感動を与えたのではないだろうか。子供はたとえ値段が高くても、好奇心で試すことがある。そして子供にも、品質の良し悪しははっきりわかる。明治三一～三五年頃に味わった「ゆであずき」を、六十数年経った昭和四一年に至っても《いまだにその味が忘れられない》と言うように、初めて味わった感動的な食べ物の記憶は、そうそう薄れるものではないのだ。

デンキヤホール　ゆであずき(2018年撮影)

戦前、戦中、戦後を通じて、およそ浅草界わいに住む女子学生で知らぬものはないほど、ティーンエージャーの、隠れた町のオアシス[24]。

『夢のあとさき』でデンキヤホールをそう評した野一色幹夫は、昭和二八年の著書でこの店の「ゆであづき」を紹介している。

ゆであづきで思い出したが、千束大通りの中程にある〝デンキヤホール〟は、昔から淺草ッ子に愛されている、ゆであづき専門の店。氣のきかぬ小娘がなんとなく突ッ立つて、「いらッさァい」と云うあたりも、昔と變らない[25]。

大正一〇年・浅草生まれの野一色が、デンキヤホールのゆであずきを《昔と変らない》と記述している。それと同じように、明治四〇年生まれの常連さんが、オム巻を「変わらぬ味」と言う。私にはその証言を否定するだけの根拠を見いだせなかった。

オム巻が大正初期から提供されていた可能性は、普通ならばありえない。しかしデンキヤホールに限っては否定もできない。それが現段階の私の見解だ。

●この節の要約
・大正初期でも、子供向け屋台の価格帯でソース焼きそばを提供することは可能
・決定的な証拠はないが、大正七年の時点でソース焼きそばが存在した可能性は高い
・「デンキヤホール」のオム巻が大正初期から提供されていた可能性も否定できない

第2節　明治四〇年の小麦粉事情

ソース焼きそばが生まれるには、二つの条件が揃う必要がある。ひとつは「お好み焼きの成立」、もうひとつは「支那料理の大衆化」だ。浅草は明治四〇年代の時点で両条件を満たしていた。ここでさらに疑問が湧く。

なぜ明治四〇年代の浅草に、お好み焼きと支那そばが現れたのか？　銀座や神田でもなく、

横浜・大阪・神戸でもなく、なぜ浅草だったのか。

お好み焼きと支那そば、両者には「小麦粉」が欠かせない。その「小麦粉」という必需品が、明治四〇年代の浅草に安価で供給されるようになったことで、お好み焼きと支那そばが普及したのではないか。そう、私は考えている。この節では、ソース焼きそばから一旦離れて、明治時代の小麦粉事情を解説しておきたい。

「ウドン粉」と「メリケン粉」

いきなりだが質問だ。小麦粉は「ウドン粉」や「メリケン粉」と呼ばれることがある。あなたは「ウドン粉」と「メリケン粉」の違いをご存知だろうか？

今では厳密に区別して呼び分けている人も少ないだろう。しかし本来の意味で言うと、「ウドン粉」は国内で製粉された水車挽きの小麦粉を、「メリケン粉」は機械製粉された輸入物の小麦粉を指す。

江戸時代から日本中に普及していた小麦粉は水車挽きによるものだ。昭和五年に刊行された『明治工業史』に、明治初頭の水車を使った製粉の様子が、抒情溢れる文体で書かれているので引用しよう。

農家は自己栽培の小麥を刈りて俵に包み、之を馬背に著け、又は荷車に載せて近傍の水車小舍に運搬し行くを見る。而して自ら其の小麥を挽き、終日水車の音を其處に聞きつつ挽き終るを待ちて一泊し、翌日漸く終了したる時、水車使用料の代償として麩《ふすま》を小舍主に與へ、斯くて持ち來たりし小麥を粉末として包装し、再び馬背につけて運搬し去るなり[1]。

長閑《のどか》で実にうらやましい。しかし水車による製粉は《大なるも一昼夜百袋内外に過ぎず》(同書)と作業効率があまりよくなかった。キメも粗く、ふすまが多く含まれていたため、色が付いていた。

また、国内産の小麦は中間質小麦が多く、出来上がった小麦粉は現代で言う中力粉に相当した。《其の大部分は麺類の製造原料に充当せらる。故に、今猶、之を呼ぶに「ウドン粉」の称あり》(同書)とあるように、主にうどんやすいとんに利用されたため、「ウドン粉」の呼び名が付いた。

一方の「メリケン粉」はロール式の製粉機で細かく挽かれた、輸入物の真っ白な小麦粉だ。前掲の『明治工業史』では《ウドン粉の及ぶところに非ず》と評価している。

本邦輸入粉の大部分は、米國より渡來せるものにして、通俗之をメリケン粉と稱し其の品質、色澤共に優良にして、到底我が國在來の水車粉、即ちウドン粉の及ぶところに非ず、[2]

メリケン粉の中でも、硬質小麦を使った強力粉はパンに使われ、軟質小麦を使った薄力粉はケーキなどの高級なお菓子に使われた。例えば、明治三六年『実用農産製造学』ではパンの原料について、次のように書かれている。

原料には、饂飩《うどん》粉は不適當にして、米利堅《メリケン》粉を用ふるを宜しとす。これ品質優良の麵《パ》包《ン》を得ればなり。[3]

また、明治四〇年『日本ニ於ケル小麦需要供給一斑』にも、《日本産（ウドン粉）はうどん・素麵・糊用》、《外国産（メリケン粉）はパン・ビスケット・高級な洋菓子》と用途の違いが述べられている。

日本産‥製粉ハ粘力強シ故ニ饂飩素麵糊用ニハ内地産ヲ優レリトス

外國産ハ製粉ハ内地産ニ比シ粘力弱シ故ニ麵麭《パン》、ビスケット其他上等菓子用ニハ内國種ニ優レリ[4]

パンや洋菓子、軍用ビスケット（乾パンのルーツ）の原料として、なくてはならない機械製粉の「メリケン粉」。開国以降の洋食の普及とともに「メリケン粉」の輸入は伸び、明治二七年の日清戦争、三七年の日露戦争でさらに小麦粉の需要は拡大した。

国家レベルの小麦粉需要に着目する日本人の実業家も、もちろんいた。外国から製粉機を導入すれば、国内でも「メリケン粉」に負けない良質な小麦粉の製粉は可能である。それは、かなり早い段階でわかっていた。しかしそれを妨げたのが、幕末に諸外国と締結した安政五カ国条約だ。

関税自主権と製粉業

不平等条約として知られる安政五カ国条約は、日本の関税自主権が欠如していた。慶応二年（一八六六年）、列強の圧力で幕府が締結した『改税約書』によって、海外から日本へ輸入される小麦粉や、その原料の小麦の関税はゼロにさせられた。その結果、海外の良質な小麦粉が比較的安い値段で市場に出回ることになった。

　この状況が、明治の半ばまで日本の製粉業の発展を阻害した。仮に日本国内で高価な製粉機を導入して製粉しても、関税ゼロで輸入されたメリケン粉を相手にしては、価格で競争することができず、投資分を回収できない。関税自主権を回復しない限り、日本国内での製粉業は利益を期待できないのだ。

　関税がかけられない国は、貿易でとても不利になる。貿易相手にとっては、ボーナスステージのようなものだ。このことは、この節の終盤でもう一度出てくるので、覚えておいてほしい。

　関税自主権の回復は、富国強兵を掲げる明治政府の悲願でもあった。諸外国と粘り強く交渉し、明治三二年（一八九九年）に関税定率法案が施行され、ようやく輸入小麦に五％、小麦粉には一〇％の関税がかけられるようになった。

　その後、税額を徐々に上げ、明治三八年（一九〇五年）の日露戦争の勝利が、結果として関税自主権の完全回復をもたらした。昭和四五年に刊行された『パンの明治百年史』から、小麦と小麦粉の関税率の推移を抜粋しよう[5]（次ページ表）。

　こうした段階的な関税率上昇に伴い、小麦粉の輸入量は、明治三六年をピークに減少していった。

年　代	小　麦	小麦粉
慶応以降	0%	0%
明治32年	5%	10%
明治37年	5%	15%
明治38年	15%	25%
明治39年	15%	30%
明治44年	20%	34%

關税改正と共に、我が製粉業者は、國產小麥使用によりて得る利益大なるのみならず、假令外國小麥を輸入使用するも、尚、輸入粉と競争上有利なる立場にあり、斯くして我が機械製粉業の發達と共に、輸入粉は到底之に對抗する能はずして我が市場より驅逐さるるに至れり。卽ち輸入粉は、明治三十六年の輸入高五百六十萬袋を最高記録に殘して逐年減少し、（中略）、翌四十二年には七十萬袋に激減せり[6]

小麦粉の輸入減少と反比例するように、日本各地に機械式の近代的な製粉会社が現れ始める。現在、日本の小麦粉業界でシェア一位を占める日清製粉も、その時代に起業した製粉会社のひとつだ。

館林製粉と東武鉄道

日清製粉の前身、館林製粉は、明治三三年に群馬県館林市で創業した。館林は群馬県南東部にあり、北関東一帯の小麦産地の中央に位置する。古くから製粉業の盛んな土地で、江戸時代には、館林藩が幕府へ毎年小麦粉を献上するほどだった。[7]

館林製粉の創業者、正田貞一郎《ていいちろう》が製粉業に着目したのも、この土地柄が一因らしい。昭和三〇年に刊行された『日清製粉株式会社史』には次のように記載されている。

> たまたま上州は麦の産地で、館林附近は水車粉の盛んなところであったので、それが一つの着想となった。当時わが国でも機械製粉がポツポツ起っていた頃であり、また貞一郎の高商の同窓の福井國太郎氏が、三井物産の機械係をしていたので、この人から外国の機械の話を聞いたこともあり、もともと自分でも小麦を取扱っていた関係から製粉事業への関心が高まって来た。[8]

正田貞一郎は三井物産の友人を通じて、明治三四年にアメリカから製粉機を輸入した。使用方法や整備などで困難もあったが、製粉機導入を境に館林製粉の小麦粉は、品質も生産力も飛躍的に向上した。館林の「製粉ミュージアム」には、当時の製粉機が飾られている。

日清製粉　製粉ミュージアムにて（2018年撮影）

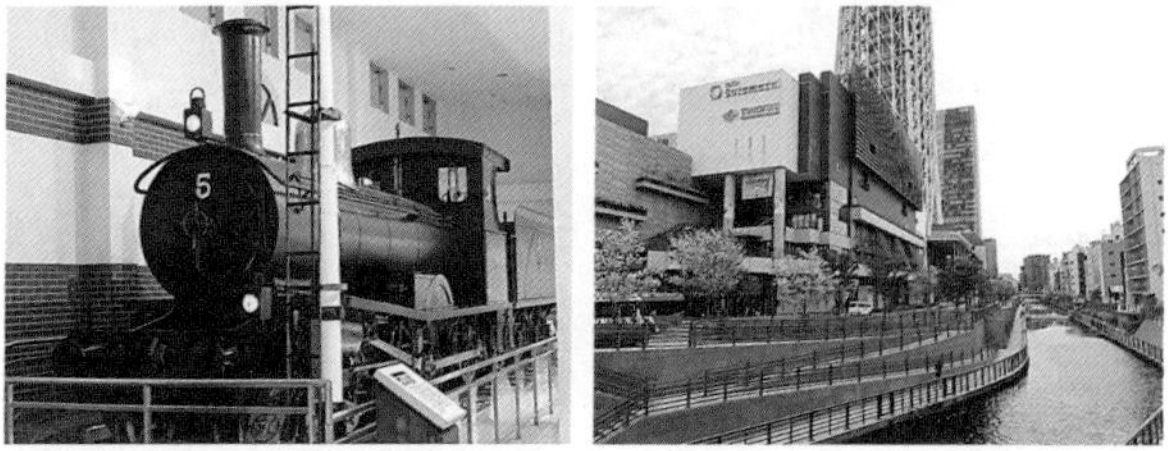

東武博物館の5号機関車と現とうきょうスカイツリー駅（2018年撮影）

ところで、正田には、盟友ともいえる人物がいた。東武鉄道の経営者、根津嘉《か》一郎《いちろう》だ。正田は根津についてこう語っている。

> 根津さんとは東武鉄道の関係ではじめて知合となった。東武鉄道の利根川の橋を架けるのに巨額の資金を要するので、なかなか出来なかったが、根津さんが苦心して調達して架橋したとも言われている。館林製粉會社がこの恩恵を受けたことは勿論であるが、館林、太田、伊勢崎方面の人々は今でも根津さんを徳としている。[9]

根津嘉一郎は明治三八年に東武鉄道の社

年　代	開 通 区 間
明治32年	北千住－久喜
明治35年	吾妻橋－北千住、久喜－加須
明治36年	加須－川俣
明治37年	曳舟－亀戸
明治40年	利根川橋梁が作られた、川俣－足利（館林経由）
明治42年	足利町－太田
明治43年	太田－伊勢崎、吾妻橋駅を浅草駅に改称

長に就任。路線を着実に延伸し続け、明治四三年には群馬県伊勢崎駅までの全線開業に辿り着いた。東武博物館の年表などを元に、東武鉄道の延伸の過程を上の表にまとめてみた。

明治四〇年に東武鉄道が館林まで至ったタイミングに併せ、館林製粉も駅直結の新工場を造る。原材料の小麦の輸送、東京への製品輸送に、東武鉄道が大いに役立った。これ以降、原料の受け入れや製品の流通が便利な場所に工場を造ることが、館林製粉（のちの日清製粉）の経営戦略のひとつになる。

その東武鉄道の東京側の終着駅は、明治三五年に作られた吾妻橋駅だ。何度もの改称を経て、現在では「とうきょうスカイツリー駅」と呼ばれている。

東京スカイツリーの公式サイトでは、周辺地域の沿革について、次のように書いている。

この地域での東武の歴史は、1902年（明治35年）4月1日に、東武伊勢崎線を北千住から延伸し、「吾妻橋駅（現とうきょうスカイツリー駅）」を開業したことに始まります。（中略）

1910年には「浅草駅」と改称して旅客駅としても再開業しました。当時、鉄道で業平橋駅〔筆者注：当時の時点では浅草駅〕（現とうきょうスカイツリー駅）に運び込まれた貨物は、ここで舟運に積みかえられ、北十間川から隅田川、中川を通って、広く全国に運び出されていました。（中略）

その後、1931年（昭和6年）に現在の浅草駅が開業し、「業平橋駅（現とうきょうスカイツリー駅）」に改称されるまでの間、東武伊勢崎線の旅客ターミナルとして使われ、以降1993年（平成5年）に貨物取扱いが廃止されるまで物流ターミナルとしての機能を長く果たしてきました。[10]

東武鉄道で運ばれてきた貨物は、ここで舟運に積み替えられる。つまり、明治四〇年当時、館林製粉の小麦粉はすべて、浅草経由で流通していたわけだ。大正二年の『帝国製粉業鑑』[11]によれば、特約販売店も三井物産のほか、日本橋区に三軒、本所区に一軒ある。かなり遠回りしたが、ようやく小麦粉と浅草の接点が見えてきた。

明治四〇年、過剰供給で製粉不況

東武鉄道と新工場というお膳立てが整った明治四〇年、ここから館林製粉も飛躍するはずだったのだが、実は製粉業界は不況を迎えていた。日本各地で製粉会社が機械を次々と導入。生産量が急増して、過剰供給に陥っていたのだ。『日清製粉株式会社史』では当時の状況が次のように語られている。

日露戦争後から明治末年までの大型製粉能力の増加状態は別表の通りで、明治三十八年末に千七百六十五バーレルだったのが四十年には倍増し、四十二年には更に倍増している。（中略）小麦粉市価は崩落し、製粉業も経営難に陥り、各社は生産制限によって難局を切抜けようと試みたが、優良会社と合併するものも少なくなかった。[12]

現在シェア二位の日本製粉（ニップン）も、公式サイトで明治四〇年頃の不況を記載している。

1907年（明治40年）12月　明治製粉を合併

日清戦争後に勃興した近代的製粉業は日露戦争後さらに拡大発展し、大資本による製粉会社の新設が相次いだ。当社は近代製粉業の発展こそ創業の目標であるとの考えに立ち、新設企業への技術的な助力を惜しまなかった。

そうしたなか、新設の大製粉会社が次々に操業を開始した結果、市場はたちまち供給過剰となり当社を除く各社は欠損を計上した。なかでも、1907年（明治40年）に操業した明治製粉は早くも業績不振に陥り、同年12月に当社と合併した。

製粉能力の追求を企業経営の根幹に置いた当社は、競争力の強化をめざして大型合併をさらに推進。明治製粉に続き、1909年（明治42年）9月には帝国製粉を合併。これにより、企業規模は5工場、従業員数200名、生産能力2、500バーレルに達した[13]。

各社の業績悪化は、製粉会社の統廃合をもたらした。館林製粉も明治四一年に横浜の旧・日清製粉を合併。それを機に地域色を廃した「日清製粉」という社名に改めた[14]。

当時は日本製粉が、業界トップのシェアを誇っていた。日本製粉は軍用ビスケット（乾パン）という、手堅い販路があった[15]。また、もともと東京にあった会社だけに、洋食関連も強かったことだろう。

一方、日清製粉は不遇の時期だった。後年、鶴見に工場を構え、三井物産を通した輸出が伸びて急成長を遂げる。しかし、新工場設立や合併をした明治四〇年前後は、業界全体の不況が影響して、資金繰りなどに困っていた。

お好み焼きと支那そばという新たな市場

さて、ここからは仮説になる。明治四〇年頃、小麦粉は過剰供給の状態にあった。『日清製粉株式会社史』では《小麦粉市価は崩落》したと書かれている。つまり、良質な小麦粉が値崩れして市場に出回ったわけだ。同時期に東京の下町の文字焼《もじやき》（もんじゃ焼きのルーツ）の屋台が、お好み焼きへ転業し始めた。その一因には、小麦粉の価格変動も影響したのではないだろうか？

文字焼もお好み焼きも、小麦粉を水で溶いたものを使うが、その濃度には差があったことが想像できる。文字焼は名前の通り、当初は鉄板で文字などが描けるほど、水分の割合が高い生地だったと思われる。一方、お好み焼きは、薄く焼いて土台にできる程度には、小麦粉の量が多くなければならない。しかし、商売なので原材料費にはシビアだったはず。お好み焼きを子供の小遣い銭の範囲に収めるのは、小麦粉が安くなければ成り立たないのだ。

消費量としては微々たるものかもしれないが、明治四〇年前後に販路を求めていた製粉会社あるいは特約店が、新たな市場のひとつとして、文字焼屋台の親方に売り込みをかけたのかも……なんて考えると面白い。

そして、お好み焼き以上に注目したいのが支那そばだ。

大正二年に発行された『帝国製粉業鑑』には、明治四〇年から明治四四年までの、製粉業に関する様々な統計が掲載されている。その中の《明治四十四年度内地小麦粉国別輸出高》を見ると、日本から海外へ輸出された小麦粉のうち、九七％の輸出高を清国が占めている[16]。

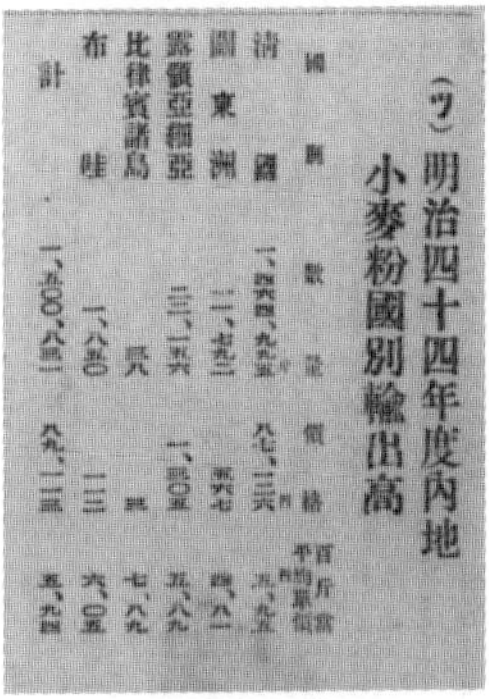
(ツ) 明治四十四年度内地小麦粉國別輸出高

國別	數量	價格	百斤當平均單價
清國	[illegible]	[illegible]	[illegible]
關東洲	[illegible]	[illegible]	[illegible]
露領亞細亞	[illegible]	[illegible]	[illegible]
比律賓諸島	[illegible]	[illegible]	[illegible]
布哇	[illegible]	[illegible]	[illegible]
計	[illegible]	[illegible]	[illegible]

明治四十四年度
内地小麦粉国別輸出高

日本と清国の間には、明治二七年に日清戦争が勃発している。最終的に日本が勝利して下関条約が結ばれ、さらに日清通商航海条約が締結された。この条約は清国の関税自主権に制限をかけるための条約である。幕末に日本が欧米に締結させられた不平等条約を、今度は逆の立場で清国に締結させたのだ。

ここで思い出してほしいのが、《関税が掛けられない国は、貿易でとても不利になる》という、あの法則だ。日本が機械製粉を導入し、製造した小麦粉を清国へ輸出すれば、（清国の国内製粉業はボロボロになるが）巨大な利益を得ることができる。関税の役割を知っている人物なら、明治二七年に日清通商航海条約が締結された時点で、それを見抜いていたことだろう。おそらく正田貞一郎も三井物産も、製粉業に着目した明治三三年当初から、国内需要に加えて清国への輸出を念頭に置いていたのではないだろうか。

　そう想定すると、次は清国＝中国人の需要に合わせた製品をリサーチする必要が出てくる。支那料理に向いた小麦粉を開発すれば、清国への小麦輸出の勝算は高まるはずだ。

小麦だけでなく製麺機も清国へ輸出

　清国へ輸出していたのは小麦粉だけではない。実は大型自動製麺機も、明治四〇年頃の輸出品目のひとつだった。

　ロール式の製麺機は、明治一六年に佐賀の眞崎照郷《てるさと》によって発明された。その後、着々と改良が重ねられ、明治三二年六月一四日の朝日新聞と同年八月二〇日の読売新聞には、早くも製麺機の広告がイラスト入りで掲載されている。

　　専賣特許　麺類製造器械
　麺類製造に志す人ハ本器の効用を知賜え使用法簡便なり製造高ハ手製に五倍す素麺類溫飩蕎麥平麺等一切自由に製得べし製品に少しも油氣なく綿々大小の不同なし御一報あ

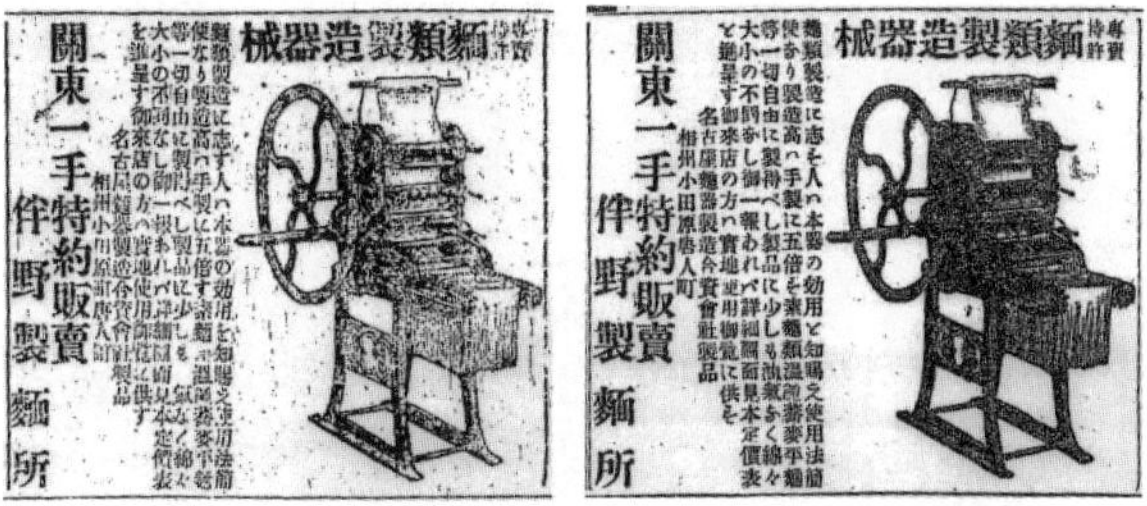

専売特許　麺類製造器械　伴野製麺所　広告

れバ詳細圖面見本定價表を進呈す御來店の方ハ實地使用御覧に供す
名古屋麵器製造合資會社製品
相州小田原唐人町　關東一手特約販賣　伴野製麵所[17]

明治三六年の三月から七月まで、大阪で「第五回内国勧業博覧会」が開催された。後年の万博に当たる、国を挙げての大イベントだ。その博覧会で、眞崎照郷の製麺機が一等賞を授与された。（同博覧会では、日本製粉も一等賞、館林製粉は三等賞を受賞している）[18]

眞崎照郷の製麺機は、イタリア式の押し出し麺ではなく、ロールで生地を伸ばして切断する、独自の方式だ。それが評価されての表彰だった[19]。

博覧会を機に、眞崎は東京進出に乗り出した。博覧会を終えた翌月、明治三六年八月の朝日新聞に掲載された広告によれば浅草に製麺機の販売所を設けている。定価は《百三十円以上》

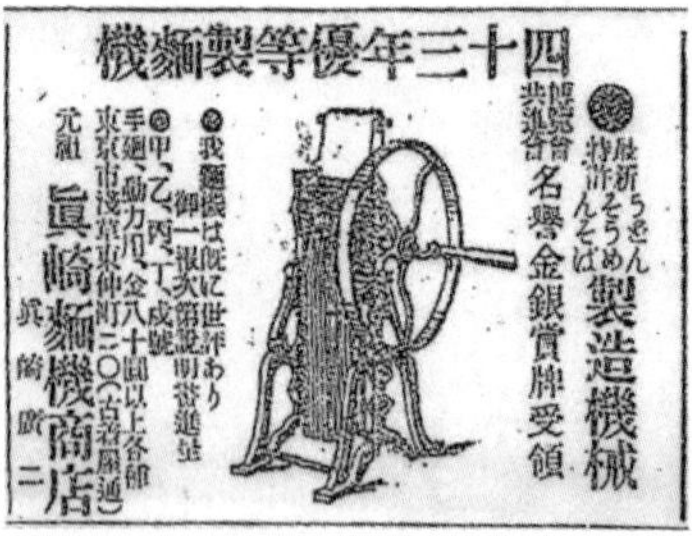

眞崎麺機商店　広告　朝日新聞
明治36年8月12日　東京朝刊8面（左）
明治43年9月11日　東京朝刊6面（上）

とされている。[20] 年を経るに連れ、製造コストも下がったのだろう。七年後の明治四三年九月一一日の広告では《八十円以上》と六割に値下がりしている。[21]

当時の新聞広告に掲載されるイラストは小型のものばかりだ。それもあって、明治時代の製麺機というと、どうしても小型の手動製麺機をイメージしてしまう。しかし、明治四〇年『東京模範商工品録』には、自動化された大型製麺機の写真が掲載されている。そのような製麺機が中国大陸やシベリア、アメリカなど海外へ輸出されていたとも書かれている。[22]

輸出先ではどう使われていたか。明治四一年『支那経済全書　第十一輯』には、蒸気機関や水車式の日本製大型製麺機が、中国大陸の上海や漢口に複数台輸出され、工場で稼働している様子が報告されている。中華麺特有の「礆」（アルカリ）＝かん水を使う製法にも触れられている。[23]

明治四〇年代から、大陸では中華麺製造の自動機械化が進んでいた。人口を考えても、日本より中国大陸の方が製麺機の需要は断然大きい。製麺機メーカーが中華麺のノウハウを得るためには、実際に支那料理屋で導入してもらうのが望ましい。

製粉と製麺は極めて関連性の高い業界であり、ともに関税のかからない大陸への輸出を念頭に置いていた。となれば、製粉会社と製麺機メーカーが協力して、支那料理屋へ売り込みに行くこともありえると思うのだ。明治四〇年代から支那料理屋が十数軒もあったという浅草・千束町へ。中国人の嗜好にあう小麦粉と麺を知るために。

東京模範商工品録

右に述べた「製粉会社が明治四〇年代の浅草で販路を開拓した」というのは、あくまでも私の想像に過ぎない。ただ、その想像が仮に間違っていたとしても、明治四〇年頃に国内産の良質な小麦粉が安価で安定的に出回るようになり、大衆向けの飲食店でも気軽に利用できるようになったのは事実だ。それが結果的にお好み焼きと支那そばの普及をもたらしたのは間違いない。ソース焼きそばがいつ誕生したのかは確定できていないが、明治四〇年代の浅草でお好み焼きと支那そばという二つの必須条件が揃った背景には、そんな社会情勢があった。

その後の小麦粉業界の動向にも、軽く触れておこう。明治四四年には大手製粉会社によるカルテルが結ばれ、小麦粉の価格下落はとりあえず止まった。翌明治四五年／大正元年には米の不作で小麦粉の価格は上昇し、製粉業界は一息つく。大正七年の米騒動なども手伝って、小麦粉の需要はさらに伸びた。国内需要が伸びる一方、輸出高は減少していく。清国は辛亥革命を経て中華民国になり、大正一〇年頃には日本が大陸から小麦粉を輸入する立場に逆転していた。[24]

小麦粉は現代でも重要な戦略物資だ。醤油など加工食品の原料にも不可欠な存在で、安定供給が至上命題とされる。そのため、現在でも原料の小麦は日本国政府が一括で買い付けて、各製粉会社に割り振っている。小麦粉という視点から食文化の歴史を捉えてみると、国家間の戦略などが垣間見えて面白い。

●この節の要約

・ソース焼きそばが生まれるには「お好み焼きの成立」と「支那料理の大衆化」が条件

・明治四〇年頃に国内産の良質な小麦粉が安価で安定的に出回るようになった

・その結果、明治四〇年代の浅草でお好み焼きと支那そばという二つの必須条件が揃った

第3節　昭和一〇年前後のソース焼きそば

ソース焼きそばが大正時代のいつ頃生まれたのかは未確定だが、実際に証言が増えるのは昭和に入ってからだ。それも昭和一〇年前後の数年間に集中している。その時代のソース焼きそばがどのように提供され、どのように受容されていたか、資料を基に探ってみよう。

どんどん焼き屋台に群がる子供たち

お好み焼きの屋台は、戦前の子供たちから「どんどん焼き」と呼ばれていた。「お好み焼き」と「どんどん焼き」は別のものという誤解は今も根深いが、もともとは同じものだ。

例えば『アサヒグラフ』の昭和六年一月七日号に、「屋台店漫談風景」と題した記事がある。当時の売れっ子映画スターたちが、屋台料理をおどけた表情で食べる、という企画だ。その中にお好み焼き屋台の写真がある。

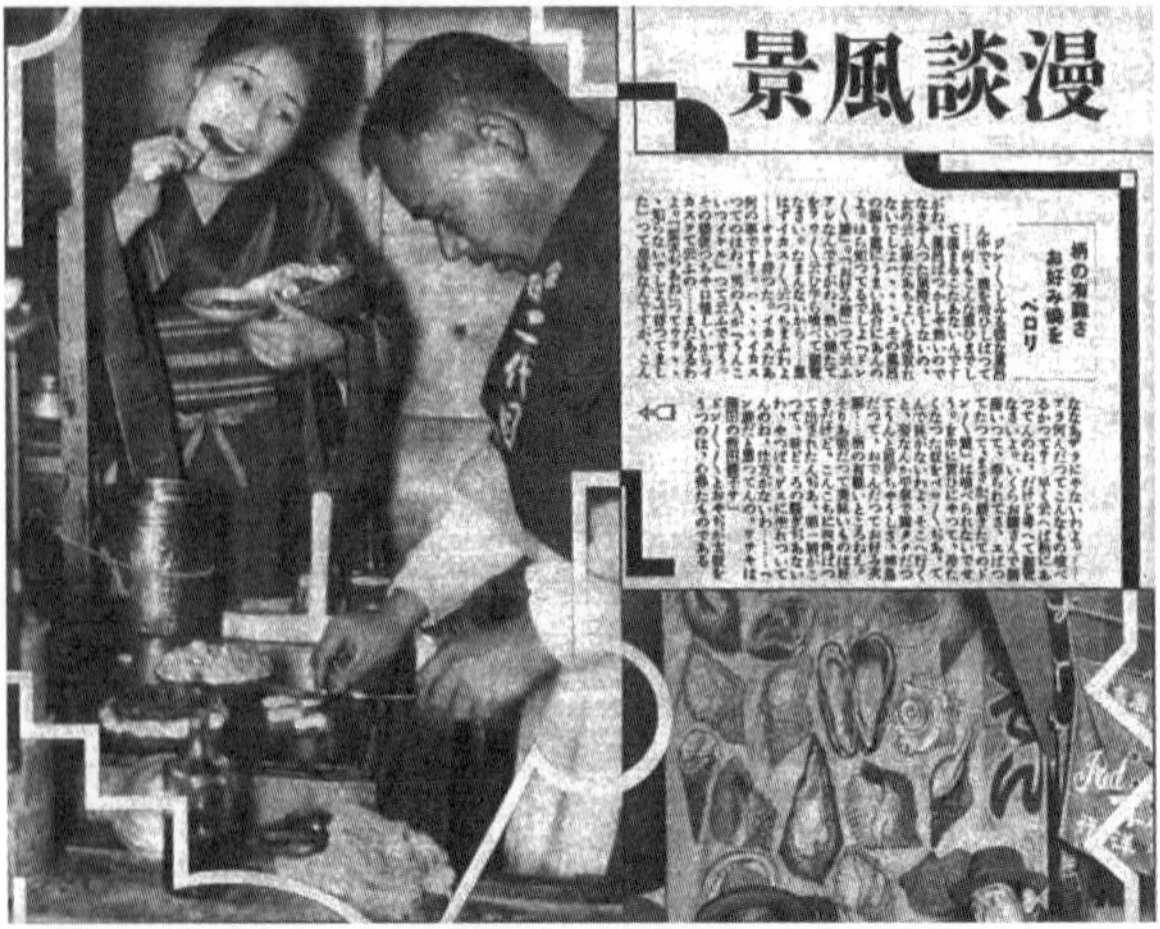

『アサヒグラフ』昭和6年1月7日号

付された文章は《柄の有難さ／お好み焼をペロリ》という小題で、《ワチキは蒲田の飯田蝶子サ》と松竹蒲田の庶民派女優であることを明かしている。その内容が、「どんどん焼き」が愛称、「お好み焼き」が正式名であることを示唆している。

> その風呂の歸り道にうまい具合にあんのよ。ほら知つてるでしょ「ドン〳〵焼」。「お好み焼」つて云ふアレなんですがね、熱い焼たてをフウ〳〵云ひ乍ら喰べて御覧なさい。たまんないから……[1]

焼きそばはその「お好み焼き」「どんどん焼き」の屋台で提供され始めた。大正後期から昭和初期に下町で生まれた世代にとっては、ごく身近な存在の忘れられぬ味だ。

大正一二年生まれの池波正太郎もその一人。彼は昭和一〇年に小学校を卒業してすぐ奉公に出た。「どんどん焼」初体験はそれより前のことだから、昭和一桁年代の話だ。

> 私たちが「どんどん焼」とよんでいた、いわゆるお好み焼の屋台では最低のエビ天、イカ天、肉のないパンカツなどでも二銭とられたものだ。

何といっても、子供たちがもっとも好んだものは、この〔どんどん焼〕だったろう。町内には必ず一つ二つ、どんどん焼の屋台が出ていたもので、それぞれに個性があり、子供たちは自分の好みによって、相当に離れた町に出ている屋台へ食べに行ったものだ。
(中略)
むろん、ソースやきそばもあるし、オムレツもある。[2]

子供たちにとっては貴重な貴重なお小遣い。どの屋台を選ぶかにそれぞれこだわりがあったようだ。中には焼きそばにブイヨンを使う屋台もあった。

当時、浅草から下谷《したや》にかけて、〔町田《まちだ》〕というどんどん焼の屋台が有名だった。(中略)

町田のおやじは五十をこえていたろう。娘夫婦に死なれ、洋食屋の店もうまくゆかなくなり、おもいきって、どんどん焼の屋台をはじめたと聞いた。

老夫婦が、男の子の孫を連れ、夜店ではたらいているのだが、以前は洋食屋をしていただけあって、やきそばにブイヨンをつかったりするし、牛天やエビ天のようなポピュラーなものでも、他の屋台とは全く味がちがっていた。[3]

『リンゴの唄』の作詞家として知られるサトウハチローは、明治三六年生まれ。昭和一一年、彼の朝日新聞での連載をまとめた『僕の東京地図』が出版される。その中で、浅草から見て隅田川の対岸に位置する向島に、お好み焼きの屋台が毎日出店して、ソース焼きそばを提供していた様子が綴られている。

風呂屋の前に、毎日オコノミヤキの屋台が出るのだ。メニューに曰《いわ》く、ポテトフライ、ロールキャベツ、カツレツともに五銭とおいでなすったね。ヤキソバ同じく五銭なるものがうまい。ソバを鉄板で、いため焼きにして、キャベツのみじん切りと、ジャガ薯《いも》のサイノメとが混じっているのだ。ソースの香りにむせびながら食うとよろしい。[4]

染太郎が昭和一二年に創業したように、お好み焼きの店舗化も増えつつあった。昭和一一年一一月四日の読売新聞夕刊に、作家を辞めて、神田明神（現・千代田区）下でお好み焼き屋を開いた田村某の話が写真付きで載っている。焼きそばより「キャベツ巻」（ロールキャベツ由来のお好み焼き）の方が、利益率が高かったようだ。

このみひかる『なぞなぞ下町少年記』50〜51頁(1989、筑摩書房)

焼ソバ(五錢賣)の儲けは一錢五厘、キヤベツ巻(五錢賣)は三錢の儲け、キヤベツ歓迎、ヤキで損をせぬやうにしませう

サトウハチローの屋台でも、このお好み焼き屋でも、焼きそばの値段は五銭。『如何なる星の下に』の「惚太郎」の焼きそばも「五銭」。昭和一一〜一二年頃の焼きそばの相場がわかる。

昭和三年に南千住で生まれた漫画家・このみひかるは、自身の少年時代を描いた『なぞなぞ下町少年記』で、当時のどんどん焼きの屋台をイラストに描き起こしている。

リヤカーに鉄板を設え、ハンドルには客寄せのためのベルがぶら下げられている。掲げられているメニューは、「えび天」「ねぎ天」「いか天」「やきそば」など。文章には「牛てん」の名前もある。焼きそばは新聞紙をメガホン状の三角錐に丸めた容器で提供され、串一本で食べるスタイルだったことがわかる。[6]

ソース焼きそば単独の屋台や店舗も出現

ソース焼きそばはお好み焼きの中でも抜きんでて人気があった。やがてソース焼きそばだけを扱う屋台も現れる。例えば前掲のサトウハチロー『僕の東京地図』所収の「亀戸天神」には、立派なテント張りの焼きそば屋が描写されている。昭和一一年の話だ。

> 一銭二銭といえば、この境内にならんでいる店のものはみんな安い。元祖ヤサイフライというのがある。堂々たるテント張《ばり》のヤキソバが（支那料理の奴ではありませんぞ、鉄板の上で親しみ深きけむりをあげている奴だ）あり。[7]

昭和二年生まれの経営研究者・篠康太郎は、浅草の南に隣接する駒形で育った。彼の昭和一二年前後の思い出にも、ソースの匂いが漂う焼きそば屋台が登場する。

> 今では、寄席芸になっている「売り声」高らかに売り歩く商売があった。朝一番でく

るのが「納豆売り」とラッパを吹く「豆腐売り」、夕方になると、鐘を鳴らす「屋台のおでん屋」、ソースの匂いが漂う「焼きそば屋」がきた。[8]

昭和三年生まれのルポライター、竹中労《ろう》。彼は居候の青年から映画に誘われ、浅草六区を訪れた。そこで焼きそばの屋台に出会う。昭和一三年の思い出だ。

昭和十三年（一九三八）……、九州の熊本から笈をおって上京し、わが家のゴンパチ〔筆者注：居候の意〕となった、いささか風変りな青年がいた。（中略）ウンと二つ返事でお伴をした、浅草六区である。『鞍馬天狗角兵衛獅子の巻』と大きな幟が春風にはためき、ヤキソバの美味そうな香りがいちめんに漂っていた。まっすぐに、彼は映画館に入っていく。私は見る前にヤキソバを試みたかったのだが、手をひっぱられ扉をくぐる（中略）

表へ出るともう夜だった、彼はヤキソバをおごってくれて、「チャンバラを見たと、オバサン（私の新しい母親である）にはいうなよ」と念を押した。[9]

浅草公園の焼きそば屋台については、昭和一〇年に『日本薬報』の「街頭で見た夏場の飲食物」という記事でも触れられている。趣旨は衛生的な問題点の指摘で、観音小路がどの通りを指すかは不明だ。しかし当時から焼きそばの露店が浅草名物を謳っていたことがわかる。

> 観音小路では淺草名産、美味やきそば、「お好み燒」といふ速製料理の屋臺店が出てゐたが、藝者屋の下地ツ妓や子守女が二錢、三錢と買喰してゐた。[10]

明治三一年生まれの画家・森義利は、ラーメンよりソース焼きそばの方が普及していたと語る。新聞紙の容器で提供され、串一本で食べていた点は、このみひかるの漫画に描かれたどんどん焼きの屋台と共通している。

> 戦前でいえば、屋台の食べ物としては、ラーメンより普及していたのがソース焼きそばでした。ソース焼きそばは、いまはどこでも、ちょっと人が集まるところには、必ず店が出ていますが、戦前は町には売りに来ていなかった。縁日のときに出ていて、客は子どもばかりでした。三銭かそこいらで、脂でぎとぎとになったところにソースをジューッとぶっかけてから、麺を新聞紙の切った上に乗せて出す。子どもは箸ではなく串一本で食べていました。[11]

やがて清川の大釜本店のように、店舗で焼きそばを提供する店も現れる。昭和三年江戸川区生まれの女流俳人・岡本眸《ひとみ》。彼女の近所にあった店もそうだった。小学生のころというから、昭和一〇年代前半だろう。

> 小学校の頃、家の近くにSさんという、仕舞屋《しもたや》を改造した小さな店があった。屋号は忘れたのか、あるいは、はじめからなかったのかもしれない。その程度の小さな店であった。夏はかき氷を、冬はつぼ焼きの藷を売っていた。（中略）
>
> 小母さんの店は、夏季の氷の時を除いていつも焼きそばを焼いて売っていた。キャベツを炒める匂い、ソースの焦げる匂い、賑やかな湯気と煙りの中で手際よく焼いてゆく小母さんの手許を見ていると、自分もやりたくてたまらなくなった。[12]

昭和四年生まれ、江東区の森下周辺で幼少期を過ごした落語家・四代目三遊亭金馬（二代目三遊亭金翁）は、「全日本ソース焼きそば愛好会」会長を自称するほどの焼きそば好きだった。著書『金馬のお総菜噺』では、子供の頃に夜店や屋台で焼きそばが人気だった思い出や、作り方のこだわりを披露している。

そもそも、いまの焼きそば屋さんは、ほんとうの味を知らないのでしょう。私の子どものころは、夜店だろうと屋台だろうと、まずいわけはなくて、老若男女、むさぼるように食べたものです。

（中略）

正調ソース焼きそばには、まず揚げ玉、天かすが必要です。それも、茶筌《ちゃせん》で要領よく衣を玉に揚げたなんてのではなく、実際の天ぷらの副産物でありたいもので——というのは、天ぷらの種の、エビ、アナゴなどの魚介や野菜の類のエキスが油に溶け出したのが、天かすに吸収されているからです。

鉄板でもフライパンでも、火を点けて十分に温めます。そこへ、天かすを敷きつめるのです。天かすの油が溶けるので、わざわざ油を使うことはないばかりか、天かすからは独特の風味が出てきます。この上に、一センチ角くらいに切ったキャベツをのせます。土台ができたところでそばをのせますが、これは生そばでなく蒸しそばです。生そばだと、えらいことになってしまいますから、こればかりは蒸しそばでなければいけません。[13]

（以下略）

「天かすからにじむ油だけで炒める」「肉やエビは入れず具はキャベツのみ」「蒸し麺（蒸しそば）を使う」など、プロローグで紹介した『素人でも必ず失敗しない露天商売開業案内』のレシピと共通点が多いのが興味深い。おそらく右に挙げた共通点が、昭和一〇年頃の焼きそば屋台の標準スタイルだったのだろう。

オムそばもじゃがいも入りも戦前から

戦前の焼きそばは想像以上に多彩でもあった。現在、「ご当地焼きそば」と呼ばれる地方独特の焼きそばを想起させる品々が、戦前の資料にチラホラ現れる。

例えばオムそば。大阪のお好み焼き屋で人気のメニューだから大阪発祥と思われがちだが、前述の通り、デンキヤホールが「オム巻」という名で戦前から提供している。また大釜本店でも、ソース焼きそばを玉子で包んで焼いた、「玉子入焼きそば」が昭和初期から存在していた。

大阪・新梅田食道街で人気のお好み焼き店「きじ」。この店の名物は、ソース焼きそばを生玉子で綴じて焼き固めた「モダン焼」だ。一般的な「モダン焼」とは異なり、小麦粉の生地は用いない。和歌山県御坊市では、同様の品が「せち焼き」という名で食べられている。

大阪・新梅田食道街　きじ本店のモダン焼（2016年撮影）

この焼きそばの玉子綴じも関西発祥と思われているが、高見順『如何なる星の下に』のメニューにある「おかやき」がまったく同じスタイルなのだ。『染太郎の世界』では調理法も紹介されている。

染太郎お好焼教室⑪　おかやき
材料：やきそば、ひきにく、卵、ラード、青のり（おばあちゃんは廃物利用の名手でコショウなどのフタつきビンに穴を開けて利用していた）、中濃ソース
ラードをひき、ひき肉とおそばをテッパンにあける。はがしを垂直に立てて、やきそばとひき肉を丁寧に焼きながら、きざむ。
そばやお好焼が切れないのは、この「はがし」を垂直にして切らないからなのである。
ポロポロに焼けたら器にとって、なま卵とよくまぜる。ふたたびテッパンの上へ。

はがしで四角くととのえながら両面やく。

小さく出来た方が上出来とおばあちゃんはいっていた。

はけで中間に中濃ソースをぬる。これでできあがり。

青のりでハート型や三角のラインを描いて、切り方を工夫して食べるのも楽しい。[14]

同様の品は、横浜市野毛の「お好み焼　みかさ」で「みかさ焼」として提供されている。

広島のお好み焼きや関西の一般的なモダン焼きのような、「そば入りお好み焼き」も、戦前から存在していた可能性が高い。『如何なる星の下に』には載っていないが、染太郎のそば入りお好み焼き「お染焼」が、昭和三〇年代のメニューにあり、二〇一九年の春くらいまでは提供されていた。『染太郎の世界』から調理方法を引用しよう。

染太郎お好焼教室⑨　おそめやき
材料：ヤキソバ、卵、キザミナマイカ、良質のホシエビ、きざみキャベツ、ひきにく、水とき小麦粉、ラード、中濃ソース、青のり（好みにより塩、コショウ、化学調味料）
ラードをひき、水とき小麦粉を半分あける。

ひき肉、キザミナマイカ、ホシエビ（三ヶ所にわけてのせる）
はがしで真中をえぐるようにあける。
卵をすばやく中央におとす。
やきそばをのせて、卵をかこむようにキャベツをパラパラとのせていく。
のこりの水とき小麦粉をかける。
ほどよい時にはがしでひっくりかえす。
できあがり。半熟で食べるのもおいしい。
好みでソースを塗って、のりをかけて食べるのもいける。
切るときは中央から切っていくのがコツ。[15]

それから、北関東の一部で食べられているジャガイモ入りの焼きそば。これも昭和一一年の時点で《ジャガ薯《いも》のサイノメ》が混じった焼きそばが存在していた。前掲したサトウハチロー『僕の東京地図』から、向島に出ていたお好み焼き屋台の描写を再び引用しよう。

ソバを鉄板で、いため焼きにして、キャベツのみじん切りと、ジャガ薯のサイノメとが混じっているのだ。ソースの香りにむせびながら食うとよろしい。

横浜市野毛　お好み焼 みかさ　みかさ焼(2018年撮影)

横浜市野毛　お好み焼 のぐち　いも入焼そば(2019年撮影)

戦後の横浜でも、「磯村屋」や「のぐち」など、ジャガイモ入りの焼きそばを提供する店が確認されている。もともとは東京で始まったものが、近隣の地域に伝播したものだろう。

これらの中には戦前の品々をまったく知らず、戦後に独自で考案した例もあり、それはそれで発祥といえる。ただ、各地の焼きそばのルーツとなる品が、このまま忘却されてしまうのも寂しい。そんな思いからこの場で取り上げた。戦前からソース焼きそばは多彩だったのだ。

なお、戦前のソースについて、『お好み焼きの物語』では醤油を使った商品やレシピが紹介されており、実際に醤油を使ったソースが存在した。しかし、それらをまがいものとして扱う層もいたらしい。昭和八年九月一一日付の朝日新聞では、「醬油使用のインチキもの」と題して長々とウスターソース本来の作り方を説明したあと、次のように締めている。

ところがこの頃坊間で賣られてゐるもの丶中でこれだけの手をかけたものは誠に少ない。いはゆるソースで通つてゐるものは醬油を用ひてあるが、それがそも〳〵ウスターソースとしてはインチキものである。[16]

またブルドックソース社は社史のなかで、今と変わらない製法だったと述べている。

創業期、明治から大正にかけてソース製造は、原理的には今と変わりないが、すべて手づくりということである。玉ねぎ、にんじん、にんにく、唐辛子、こんぶ、煮干し、スパイス類などを一緒に煮沸して仕込樽に移し、食塩を適量入れて朝夕攪拌し、3～4カ月の熟成期間を待って古いものから順次絞り、砂糖・カラメルの溶液および酢と若干の氷酢酸を加えてでき上がりとなる。[17]

これらの資料を踏まえると、現在とほぼ同じ味のウスターソースを使ったソース焼きそばが存在していた可能性もあるように思う。

昭和一〇年前後にここまで流行した焼きそば屋台だが、昭和一二年の日中戦争、昭和一六年の太平洋戦争と、戦時下体制が進むにつれて、徐々に姿を消してしまう。ソース焼きそばの屋台が再び姿を現したのは、戦後の「ヤミ市《いち》」だ。

●この節の要約

・ソース焼きそば単独の屋台や店舗も出現し、オムそばやジャガイモ入りなど当時から多彩だった
・しかし戦時下体制が進むにつれて、ソース焼きそばの屋台は姿を消してしまった

第3章

戦後ヤミ市のソース焼きそば

戦前のソース焼きそばの資料は、第4章で取り上げる大阪の一例だけを除いて、東京以外では見つかっていない。東京の証言も、ほぼ下町に限られている。つまり東京の下町住人を除いた、ほぼすべての日本国民がソース焼きそばを知ったのは、戦後になってからだと推察される。「ソース焼きそばは戦後に生まれた」という俗説はそこに由来しており、特にヤミ市と関連付けて語られることが多い。

この章では、戦後のヤミ市のソース焼きそばがどのような品で、どのように提供されていたのかを解き明かしていく。

第1節　ヤミ市のたいへんな人気者

太平洋戦争での物資欠乏によって、様々な食料品・生活必需品が配給制になり、外食も制限された。配給だけでは生活が賄えなくなると、官憲の目を逃れた物資が「闇《やみ》」で取引されるようになる。

昭和二〇年八月一五日の終戦以降も配給制は続き、ターミナル駅など人の集まる場所では、「闇」の物資が半ば公然と売り買いされた。「組」と呼ばれるテキ屋組織によって管理されたそのマーケットが「ヤミ市」だ。

生活文化学者の松平誠氏が、戦後の資料や当事者への聞き取りなどを元に、ヤミ市の実態をまとめた『ヤミ市　幻のガイドブック』という新書がある。しばらく品切れだったが、二〇一九年一〇月に講談社学術文庫から『東京のヤミ市』と改題して再販された。著者はその前書きでヤミ市についてこう述べている。

ここには、食料品、衣類、雑貨、その他、販売が禁止されているものなら、なんでも並んでいた。一九四七年夏に飲食店がすべて禁止されてからは、逆に呑み屋と食べ物屋がその中心になった。[1]

一九四七年＝昭和二二年七月五日、飲食営業緊急措置令が施行され、外食券食堂以外の飲食店に対して休業命令が下された。つまりすべての外食は違法になり、闇扱いされるようになった。配給と自炊の当てがない人はすべて、ヤミ市の露店か、闇営業の飲食店を探して食事せざるを得なくなったのだ。なんとも無茶な話である。

かくしてヤミ市での飲食の需要は急激に高まり、多種多様な食べ物が販売されるようになる。『ヤミ市　幻のガイドブック』では、ヤミ市で流行った食べ物の代表に焼きそばを挙げている。《ヤミ市のたいへんな人気者》だそうだ。[2]

ソース焼きそばがどのように復活してヤミ市の人気者になったのか。選ばれた理由が何かあるのか。資料から推論してみよう。

昭和二三年　ひょうたん池の焼きそば露店

戦後の焼きそば資料で私が把握している最も古い文章は、昭和二三年に部数限定で刊行された磯ヶ谷紫江『浅草界隈風物』という小冊子だ。手書きの謄写版、いわゆるガリ版刷りで、浅草公園内にあったひょうたん池の周りに林立していた露店が詳細に記録されている。終戦から三年を経た時点で、どんなものが売られていたのか、覗いてみよう。

瓢簞池のまはりにある露店は朝の八時頃から始めてゐる。この露天を覗き歩くも捨て難い味がある。食べものは一皿五円のゴッテリ甘いおしるこ、栄養百パーセントと自称する野菜のごつた煮が一杯拾円、〝サア〳〵甘いのは今日だけだ〟よと、饅頭五ツにお汁粉をかけて一皿三拾円の店、三ケ拾円の今川焼にあん巻、一皿二十円の焼そば、一合三十五円の南京豆、一枚十円はお好み焼、ザルそば一枚二十円、トコロ天が一皿五円、まだある。焼とんが一串五円。それに最近出來た店に配給の砂糖を持ち出して馴れぬ手つきで、フクラマシテゐる、かるめ焼大きいのが一個二十円、中が十五円、小が十円、まだまだある一ケ拾円のコロツケ、一枚三十円のカツ、お婦人が好きなフカシ芋、能書だらだらのキンツバ一ケ五円、冷しラムネが一本十五円、一杯五円のミカン水。その傍にマムシの薬が二十円、だんだんきくの出て來て百円から一瓶三百円まである。安いものとして売るにそれ相当頭を使ふ。[3]

磯ヶ谷紫江『浅草界隈風物』
（1948、紫香會）
国立国会図書館所蔵

文末に《昭和二三年九月五日稿》と記してある。昭和二三年九月初めの浅草公園・

ひょうたん池のほとりで、《一皿二十円の焼そば》が売られていたわけだ。

公園内の池のほとりという場所なので、一般的なヤミ市のイメージとは趣が異なる。しかし、違法な露店販売という定義からすれば、これもヤミ市だ。明治三一年生まれの画家・森義利も、戦後のヤミ市という文脈で、この浅草ひょうたん池の焼きそば露店について語っている。

ソース焼きそば屋がいちばん盛んだったのは戦後の闇市の時代です。浅草のひょうたん池の周辺なんかには、ずらーっと、ソース焼きそば屋が軒を並べていたものでした。キャベツを細かくまぶしたのを、どっさりと混ぜて麵のほうはなるべくケチって、量を多くするように見せかけていました。食糧事情が極端に悪い時代でしたから、それでも、客はむらがっていました。私は食べたいとは思いませんでしたが、戦後のあの時代の、観音様の裏あたりの、闇市の生活力というんでしょうか。すさまじいばかりの活気とソース焼きそば屋の屋台の連なりは妙によく似合っていて、強く印象に残されています。[4]

ところで同じ昭和二三年の『アサヒグラフ』七月二八日号に「浅草の喰物屋」という見開き記事がある。

『アサヒグラフ』昭和23年7月28日号

> 東京は浅草、映畫街のはずれ、觀音様の森の後に、ひょうたん形の池がある。この池の圍りにぎつしりと軒を並べる露店約百三十軒、全店盡くこれ飲食物を賣る。その値段と量たる、二十圓あれば充分にマンプクとなる、インフレ下のパラダイス。
> （中略）禁制品の販賣はどうのこうのという手合いもあるが、とにもかくにも、この一角がなければ餓死者のふえることだけは、明かな事實であろう[5]。

何という偶然か、『浅草界隈風物』の一～二カ月ほど前に、『アサヒグラフ』の記者も、同じ浅草ひょうたん池の露店群を取材しているのだ。写真主体の雑誌だけあって、読者の好奇心をそそる露店の食べ物の写真が、ずらっと紙面に並んでいる。その見開きの左下角に、ひときわ大きい写真がある。

檻褸《ぼろ》を全身にまとった短髪の男性が、露店の前で立ち食いをしている。左手に皿を持ち、大口を開けて箸で何かを頬張っている。その奥の露店では、女性が鉄板らしき台で何かを調理している。調理している女性は乳児でも背負っているのか、たすき掛けだ。台には白っぽくて細長い食材が山盛りになり、手前の地面にはその食材がいくらか落ちて散らかっている。写真は白黒で画質は粗く、何の食べ物かのキャプションもない。しかし『浅草界隈風物』

の記述と照らし合わせると、これはほぼ間違いなく焼きそばの露店だ。細長い食材は蒸し麺とキャベツだろう。戦前も含めて私が知る限り、これが最も古いソース焼きそばの写真である。

戦後も浅草が発信地

紙芝居『黄金バット』の二代目作者、加太《かた》こうじ。大正七年生まれの彼は、著書『食いたい放題　東の味　西の味』で、ヤミ市で提供された食べ物の変遷に触れている。

はじめは、イカの丸煮、いわしの塩焼きだったが、すぐに芋類が売られ、次に小麦粉で作った芋餡入りのまんじゅうなどがヤミ市の名物になった。そのうちに、戦争中の隠匿物資の砂糖がでまわった。大阪、神戸などのヤミ市では小豆をゆでて砂糖をかけたもの、本物の砂糖入り汁粉や大福餅が売られた。戦争中のサッカリンの味とくらべると格段のうまさだった。[6]

最初は腹を満たせるなら何でもよかったが、やがてカロリーを求めるようになり、最終的には美味しさが求められるようになる。その過程が見えて面白い。

同書の別の章では、昭和二四年頃から日本人の味覚が変わり、ソース焼きそばなど、戦後独特のものも作られるようになったという。

昭和二十四年頃から、日本人の食生活が変りだした。（中略）ソース焼きソバ、たぬきうどん（蕎麦）などの戦後独特のものもつくられるようになった。焼きギョウザもぼつぼつはじまった。ソース焼きソバは終戦直後のヤミ市で売りだされたものでそれ以前には、珍らしがられるほど売る店が少なかった。

ヤミ市で売り出される以前には《珍らしがられるほど売る店が少なかった》という、ソース焼きそばに関する証言も興味深い。別の個所でも同様の趣旨が書かれていた。

戦後の立食いというと、第一はモツ焼、モツの煮込み、それからソース焼蕎麦である。（中略）ソース焼は戦後のもので戦中戦前はほとんどない。（中略）浅草の屋台からはじまったソース焼蕎麦は今では全国的に普及した。

ソース焼きそばは戦後のもの、浅草の屋台から全国的に普及した、と述べている。

また、大衆文化に詳しい演歌師・作家の添田知道も、著書『てきや（香具師）の生活』で、浅草の露店の焼きそばに触れている。

> そして敗戦の八月十五日を迎えた。いたるところ、焼野原である。これが原始、神農が路ばたに市をひらいたという、おそらくそのままの条件が、てきやの存分にはたらく、本領発揮のチャンスとなった。
>
> 露店こそが、一般大衆の日常生活に役立つ市場であった。
>
> この原始的市場風景は、関東大震災後の状態とおなじであった。浅草に例をとれば、焼野原のそこかしこ、まずツギモノ（飲食物）にはじまった。鉄板で魚貝を焼いて食べさせたのだ。平貝をいため焼する野天店がずらりとならんだのは、一種壮観であった。この鉄板の上が、焼きそばとなる。山もりの細麺を両手のハガシでくりかえす、その手もとのさばきが呼び声といっしょに、リズミカルにうごくのが食欲をそそった。[7]

戦前と同じく、戦後も浅草がソース焼きそばの発信地だったのだ。

東京のヤミ市での焼きそば証言

戦前は下町に限られていた焼きそばが、戦後になると新宿や池袋など山の手のヤミ市にも姿を現すようになる。

東京都立・江戸東京博物館に、「新宿——夜のヤミ市——」と題した常設展示がある。その制作資料が『ヤミ市模型の調査と展示』という本にまとめられている。次に引用するのは、新宿東口にあったヤミ市・和田組マーケットで、初期から解散時まで商売をしていたという「T．Y．氏の話」だ。新宿のヤミ市で、「焼きそばがよく売れた」と証言している。

> 売っていた物は、サツマイモをふかしたり、進駐軍のギャベッジ〔筆者注：生ごみの意〕を俗に「ギャベ」と言って売った。少し経ってから、そば、焼きそば、焼き鳥などがよく売れた。[8]

また、『ヤミ市　幻のガイドブック』では池袋の東口ヤミ市で商売していた「丁字屋」という焼きそば露店の話が詳述されている。その内容は後ほど分析するが、新宿・池袋とも、戦前にはソース焼きそばの証言がなかった地域だ。焼きそばが徐々にヤミ市で広まり始めた様子がうかがえる。

ヤミ市の時代に発表された文芸作品などに、焼きそばが描写されているものもある。昭和二五年に朝日新聞で連載された人気小説『自由学校』、作者は獅子文六。のちに映画化され「とんでもはっぷん」などの流行語を生み出した。

『自由学校』の主人公は、突然会社を辞めて家出をし、野宿生活を始める。最下層の生活で知り合った年配男性の案内で、神田のヤミ市を訪れる。その露店群に焼きそば屋があった。

行先きは、神田驛付近のマーケットだつた。（中略）

マッチ箱を並べたやうな、マーケット風景は、五百助も、新宿あたりで見慣れてるが、店頭の飲食物と、その値段札と、それから、客や通行人の顔つき、風つきには、いさゝか、度膽《どぎも》を抜かれた。（中略）

夕飯時に早いので、どの店も、客は少なかつたが、その少い客の全部が、マトモな服装の者は、一人もなかつた。（中略）

肉ウドンとキツネ・ウドンの店、蒸しパン屋、ダンゴとマンヂュウ屋、シチュウ屋、ヤキトリ屋、ヤキソバ屋——店々の品物を、爺さんは、いちいち覗き込むが、容易に、店内へは入らなかつた。[9]

少し時代は下るが、雑誌『若い広場』昭和三〇年一一月号の「多磨全生園を訪ねて」という記事では、広い敷地と入園者数の少なさに対比させる形で、新宿ヤミ市（マーケット）の焼きそば屋に触れている。相当に混み合って繁盛していたようだ。

> 東京の新宿のマーケットの焼ソバ屋は、四坪あるかないかの狭い店に、道にハミ出してお客が二人も腰かけて喰べていた。十人前後の客と店の者が二人で十二人いる。[10]

ヤミ市ではないが、赤線地帯の例もある。戦後、小岩の田んぼの真ん中に、時計工場の寮を流用した東京パレスという施設が作られた。進駐軍向けの慰安所で、カストリ雑誌『あまとりあ』で連載していた正岡容《いるる》が、昭和二六年にその東京パレスを訪れている。

> 昭和二十六年陽春の小寒い夕まぐれ、宮尾しげを画伯、俳人S氏、温泉協会のA氏と四人で私は小岩二枚橋の東京パレス見学に出かけた。（中略）
>
> それにしても、階下の建物と建物に添ったところには、寿司、中華料理、しるこ、焼鳥、焼そば、焼芋の紅提灯が次々と点されている、射的場、化粧品店、輪タク、自転車預り所、美容院、さては深更《よふけ》まで営業している理髪店まであるに至っては、私のような

そそっかしいものは、うっかり飛び込んだらとんだ八幡の藪不知、出口も入り口もわからなくなってしまうかもしれない[11]。

昭和二〇年代半ばの東京では、焼きそばが露店の並びに当たり前のように存在していたのだ。

参考までに記せば、焼うどんを売る者もいた。昭和二一年頃の上野、後に「アメ横」と呼ばれるようになる青空市場でのことだ。猪野健治『東京闇市興亡史』によれば、

　上野で当時、薬品関係の仕事をしていた、南俊夫氏の証言。（現三日月旅館経営）
「闇米に闇野菜の大根だの人参だのを切り刻んで、大きな鍋で炊いて、ドンブリで売るぞうすい。豆コーヒーなんていって、豆をこがしては、お湯でのばして、サッカリンをブチ込んだものを、そう言って売ってた。そう、ニワトリが食べる、フスマなんぞを、一升五円で売ってたもんだ」
　スルメに、落花生、ふかし芋、うどんにそば。すこしあとになって、どういうルートか、長野県からのさつま揚げなどもあった。鉄板焼きと称して、うどんや鰯をそのうえで焼いて売っている者がいれば、その隣で、醤油を数滴たらしただけのスープに、ブツ

切りのネギをぶち込んだものを売っている者もいた。[12]

《鉄板焼きと称して、うどんや鰯をそのうえで焼いて売っている者》というだけで、ソース味なのかは不明。昭和二一年頃なら、うどんも小麦粉に混ぜ物をした代用うどんだったのではないかと思う。

●この節の要約
・戦後に復活したソース焼きそばは「ヤミ市のたいへんな人気者」だった
・戦後のソース焼きそばで最も古い記録は、昭和二三年の浅草ひょうたん池にあった露店
・戦前は下町に限られていたが、戦後は新宿や池袋など山の手のヤミ市にも姿を現すようになった

第2節　昭和二〇年代の小麦粉事情

戦後の食糧難には濃淡がある。「戦後、アメリカが小麦を放出し助けてくれた」とも、

「アメリカで余っていた小麦を売りつけられた」とも言われている。実はそのどちらも正しい。本節では戦後の日本の食糧事情、特に小麦について時系列を追って説明しておきたい。明治四〇年の小麦事情と同じく、昭和二〇年代の小麦事情はソース焼きそばの普及に深く関わっているのだ。

終戦直後から昭和二四年は限定的な援助のみ

当初のアメリカは、占領した敵国・日本に対して冷淡な対応をした。それは終戦直後の昭和二〇年から翌年にかけての、アメリカの対応を見れば明らかだ。

まず昭和二〇年。日本は農産物が大凶作だった。[1] 日本がポツダム宣言受諾を決めた一因ともいわれている。そして翌年、昭和二一年には深刻な飢餓が予期されていた。[2]

日本政府も民間企業も、飢餓対策として食糧を輸入したかったができなかった。あらゆる物資の輸出入は、日本を占領していた連合国軍最高司令官総司令部（GHQあるいはSCAPと呼ばれる）が管理していたからだ。[3]

日本政府は飢餓の懸念をGHQに訴え、援助を要請する。GHQは本国アメリカへ伝えたが、日本の要請は却下された。この年は世界的な食糧不足で、占領地域より連合国や解放地域への援助が優先されたのだ（この方針は「プレ・ガリオア」と呼ばれる）。また、終戦直後ということもあり、アメリカ国内では反日感情も濃厚だった。[4] 日本政府はさらに懇願し、GHQも改めて本国に輸入を要請したが、それでも輸入できたのはまったく希望に満たない量だった。GHQは九〇〇キロカロリーを「絶対最低熱量」と定め、週に五日だけそのカロリーを維持する程度の輸入食糧を放出するに留まった。[5] 一九四六年度の供給カロリーは戦前と比較して七〇%にも満たず。日本国民の栄養状態は悲惨な状況だった。[6] ただし、日本政府が懸念していたほどの、「大量飢餓」までは発生しなかった。農家の隠匿米が予想以上に多く、それがヤミ市場を通じて消費者へと流出したためだ。ヤミ市ルートの食糧は、東京市民の一日の摂取カロリー（一九七一キロカロリー、一九四五年一二月時点）の実に四〇%を占めたという。要はヤミ市、ヤミ経済が終戦直後の日本の食糧需給を支えていたのだ。[7]

当初のヤミ市は国内生産物が中心

空腹による反発や治安悪化を懸念したGHQは、昭和二二年度、一九四七年度からアメリカ陸軍に「ガリオア」と呼ばれる予算枠を設け、そこから資金を供出して日本など占領地への援助を始める。しかし、それでも量的にはまだまだ不十分だった。[8]

援助物資の内容も米ではなく、雑穀が中心だった。[9] ララ物資と呼ばれる慈善団体からの援助や、ユニセフからの援助もあったが、それらは欠食児童の学校給食へ優先的に配給された。

この状態が昭和二四年頃まで続いた。つまり、終戦から昭和二三〜二四年までのヤミ市においては、アメリカから輸入された物資や米軍からの横流しは限定的で、むしろ供出を免れた国内の生産物を中心に流通していたわけだ。

前節でヤミ市の食べ物に関する証言をいくつか挙げたが、品ぞろえの時系列に着目してほしい。

最初はイカ、イワシ、平貝などの鉄板焼き。続いて芋、「ギャベ」。それからうどん、そば。焼きそばが登場するのはそのあとだ。当初は、供出を免れた国内の生産物が中心だったと考えるのが妥当だろう。もちろん、米よりは小麦粉の方が断然入手しやすかった。

昭和二三〜二四年頃に飲食物を提供できた店は、特別な仕入れルートを持っているか、たまたま何かを大量に仕入れられたケースに限られたと推測される。その状況が昭和二四〜二五年頃から変化する。

昭和二五年から民間企業による輸入再開

太平洋戦争終結後、アメリカはソ連との冷戦が第一の課題となった。アメリカ政府は、ドイツや日本などの占領地域から賠償金を取って疲弊させるよりも、経済を再建させてアメリカ側の自由陣営につける方針へと転換し始める（マーシャル・プラン）。

日本への対応はいくらか和らぎ、一九四九年（昭和二四年）一二月一日には、外国貿易管理法と外国為替管理委員会設置法が交付され、日本で民間自由輸入貿易が再開された。代金は後払いで、アメリカから大量の物資が輸入され始める。一九五〇年（昭和二五年）、六月二五日に朝鮮戦争が勃発すると、自由陣営への軍事援助という形で、さらにアメリカからの輸入は拡大した。それと反比例して援助は減じてゆく[10]。

輸入した穀物の内訳は、戦前は米が中心だったが、戦後は小麦が中心だ。昭和二四年には前年の倍を輸入している[11]。「主食」という枠でみると、昭和二五年（一九五〇年）には、戦前の水準を超える輸入がなされた[12]。

市場へも小麦が潤沢に出回り始め、ようやく食糧危機が解消されはじめた。一般的に、ヤミ市でのお好み焼き・焼きそば・ギョウザなどが取り上げられる際、昭和二〇年の終戦直後から現れたという印象が強い。しかし、上記のような事情で、小麦粉が手に入りやすくなったのは、昭和二四〜二五年からだ。昭和二五年以降に、輸入が減った米の代替として、小麦粉を使ったコナモンの需要が増え、本格的に広まったのだろうと推測される。

日本政府としても、米に偏った日本人の従来の食生活を、小麦粉食との二本立てにしたかったようだ。第三次吉田内閣の大蔵大臣、池田勇人の「貧乏人は麦を食え」発言が大問題になったのも昭和二五年だった。せっかくなので、正確な発言を引用しておこう。

御承知の通りに戦争前は、米一〇〇に対しまして麦は六四%ぐらいのパーセンテージであります。それが今は米一〇〇に対して小麦は九五、大麦は八五ということになつております。そうして日本の国民全体の、上から下と言つては何でございますが、大所得者も小所得者も同じような米麦の比率でやつております。これは完全な統制であります。私は所得に応じて、所得の少い人は麦を多く食う、所得の多い人は米を食うというような、経済の原則に副つたほうへ持つて行きたいというのが、私の念願であります。[13]

GHQはパン食と脱脂粉乳の学校給食を広めた。「パン食が日本国民に根付くことで、小麦粉だけでなく牛肉や牛乳の市場を広げたい」、そんなアメリカ政府の思惑があったかどうかは、ここでは置いておく。ただ、日本政府が小麦粉食を普及させたかったのは確かだろう。

昭和三〇年から余剰小麦の大量輸入

そして時代は次のフェーズに進む。昭和二八年（一九五三年）頃から、アメリカで小麦が大量に余り始めた。

要因は第二次世界大戦にまで遡る。当時、連合国を支援する目的で、アメリカは農業の生産力を大幅に増大させた。本来の需要だけでは手に余る、戦争の大量消費を前提とした過剰な生産力だった[14]。

一九四五年に戦争が終結した当初は、世界的な食糧不足だったので、過剰な生産力はプラスに働いた。また、一九五〇年の朝鮮戦争勃発で、再び需要も回復した。しかし一九五三年七月に朝鮮戦争の休戦が成立すると、いよいよ過剰供給の問題が表面化する[15]。

アメリカ政府は、軍事援助の名目で自由陣営に余剰小麦を引き受けさせるよう準備した。たまたま一九五三年が凶作だった日本政府も乗り気だったが、「軍事援助」の枠が難点だった。両政府が歩み寄り、一九五四年、アメリカで見返資金の使途を軍事目的に限定しない、農産物貿易促進援助法、通称「余剰農産物処理法」が制定された[16]。それに基づいて日本は「余剰農産物協定」を締結した[17]。

ちなみにこの協定には、学校給食用の小麦や脱脂粉乳が贈与分として付帯した。昭和三〇年の国会で、文部省の管理局長が次のような答弁をしている。

余剰農産物協定によりまして入って来ます農産物の総額は一億ドルでございますが、そのうち八千五百万ドルが輸入分でございまして、千五百万ドル分が、これが贈与分ということになっております。この贈与分の千五百万ドルの内訳がこの基本協定の第三条にあるのでありまするが、大体千五百万ドルのうち千二百万ドルが小麦及び脱脂粉乳、それから三百万ドルが綿花、こういうことになっておるわけでございます。[18]

日本政府は大量に輸入することになった小麦を、なんとか国民に消費させようとする。栄養面で米に勝ると強調したり、パン食や麺食のキャンペーンを展開するなど、米が充分足りている農村部へも小麦粉食を励行した。

その結果、それまで都市部の外食にほぼ限られていた小麦粉食が、農村や家庭にまで及んだ。パンやうどんだけでなく、ラーメン、ギョウザ、お好み焼き、そして焼きそばが日本中に浸透したのは昭和三〇年以降だと考えてよい。

それらの小麦粉食は「戦後食糧難の時代に広まった」と一言で片づけられがちだ。しかし右に述べたように、アメリカ政府の政策の変化、日本政府の小麦粉食促進キャンペーンなど、いくつかの段階を経て普及に至ったことを念頭に置いて語られるべきだと思う。

●この節の要約

・昭和二四年頃までアメリカからの食糧輸入はごく限定的で、ヤミ市の食糧は供出を免れた国内生産物が中心だった

・冷戦や朝鮮戦争の影響で、昭和二五年頃から輸入が再開され、アメリカの小麦が出回りはじめた
・昭和三〇年からアメリカの余剰小麦の大量輸入が始まり、日本政府の後押しで小麦粉食が農村や家庭にまで浸透した

第3節　戦前からの微妙な変化

ところでヤミ市で提供されていた焼きそばは、どのような品だったのか。『ヤミ市　幻のガイドブック』の著者・松平誠氏が、池袋のヤミ市で営業をしていた「丁字屋」という焼きそば屋に聞き取り調査をしている。『ヤミ市　幻のガイドブック』にも詳述されているが、より正確を期すため、それより前に出版された松平氏の著書『ヤミ市　東京池袋』[1]を参照しつつ、分析してみよう。

池袋「丁字屋」の焼きそばレシピ

聞き取りは店舗の概要から始まる。大きさは《一・五間×一間（一コマ）》というから、

たたみ三畳分だ。前部がカウンターで、内側にはブリキの焼き板と木炭のコンロが設えてある。さらに店舗の説明が続く。

後には、ブリキの寸胴バケツが四個。飲み水用、洗い物用、捨てる物用と区分けして使う。（中略）店の奥には、リンゴ箱を台の代りに二、三個おいている。赤と青の縁取りをしたビラを店の前に吊り下げてある。「焼きそば一皿二〇円」。床はまったくの土間である。裸電球が一つ。流しはないから、捨て水は、裏へもっていって打っちゃる。水道もついていない。都電通りの向い側にあったフルーツ・パーラーのそばの水道栓から汲んできた。

瀬戸物の箸立てに黄色く塗って切り口を赤くした箸をつめ、皿といっても小ぶりな皿を三〇枚もつみ重ねておいた。

ヤミ市には水道がないか、あっても共同井戸や共同水栓で不便なため、どの露店も水を極力節約したい。その点で焼きそばは非常に有利だ。汁に浸ったほかの麺類やおでん、しるこなどに比べて、必要な水の量は圧倒的に少なくて済む。続いて麺の仕入れや焼きそばの調理方法について。

日の出町周辺にあった麵製造店から仕入れる。一日に九〇玉入りの箱三つ。このほか、キャベツを同じ箱に三箱半仕込んだ。

麵の原料となる小麦粉は、アメリカから輸入されたものか、それとも何かの横流しか。白米はヤミ市でも厳しく取り締まられていたが、小麦粉は比較的入手しやすく、「すいとん」や混ぜ物をした「代用うどん」「代用パン」などの形で消費されていた。

仕入れたそばは、マーケットの別の棟にある仕込み場で蒸す。四角の蒸籠で一度に六〇玉ほど蒸せる。

焼きそばにあらかじめ蒸した麵を使うのは、戦前と同様である。

これを毎日、午前七時〜八時頃から準備する。何しろたくさんなので、下のほうのそばは、ぐしゃぐしゃになってしまう。キャベツは、刻んで笊《ざる》に入れる。これらを店に運んで商売にとりかかる。だいたい昼飯時から夕方までの仕事で、夜は早く店を閉める。

ヤミ市の食材の多くは、「かつぎ屋」と呼ばれる買い出し専門の人々が、地方で買い付けて都内に運搬していた。その中でもキャベツは、比較的入手しやすい食材だった。東京近郊で栽培されていることに加え、芋のように主食の代わりにもならないためだ。例えば加太こうじは、《昭和二十年に埼玉県境あたりの農家へ何度か買い出しにいき、キャベツを三、四貫目（十五、六キロ）背負って戻った》と語っている。[2]

一皿二〇円（当時ラーメンは三〇円くらいだった）。一玉を三つに分けて、キャベツでふくれあがらせて、一皿分の体裁をととのえる。

浅草ひょうたん池の焼きそばも、《キャベツを細かくまぶしたのを、どっさりと混ぜて麺のほうはなるべくケチって、量を多くするように見せかけていました》との証言がある。[3]ヤミ市の時代は、キャベツより麺・小麦粉の方がずっと貴重だったのだ。

ソースは、一升瓶から直接かける。

味付けにソースを使う点も、この時代の実情にマッチしていた。当時、主要な食材は統制されており、特に醤油や砂糖は入手が難しかった。それに比べてソースは、昭和二一年に食品添加物として認可がおりた人工甘味料を、砂糖の代わりに使うことで早々に供給量を回復しつつあった。

一人分といっても、女性の昼飯にも足りない。一日の仕入れは二七〇玉だから、販売量は、約八〇〇皿分近くである。一日の売上げは、二〇円×八〇〇＝一万六〇〇〇円になる。この半分が販売原価であった。

売れ残りの出た日はない。暮れと正月には、販売量を増したが、どのくらい売上げたかは、覚えていない。とにかく休みをとったことはなかった。

麺・キャベツ・ソース、焼きそばに必要な食材はすべて、戦後食糧難の時代でも入手しやすい状態にあった。そして一日に一万六〇〇〇円の売り上げ、八〇〇〇円の利益。売れ残りなし。ソース焼きそばは、この時代の優等生だった。ヤミ市で人気を博した理由が、これでおわかりいただけただろう。

ソース後がけ方式は、なぜ生まれたか

丁字屋の焼きそばには、戦前の焼きそばとの大きな違いがある。《ソースは、一升瓶から直接かける》という提供方法だ。『ヤミ市　幻のガイドブック』では、次のように記述されている。

これ〔筆者注：味付けせずに調理した焼きそば〕を小ぶりな皿に盛って、ソースをすすめる。ソースだけはちゃんとあるが、一升瓶のまま、直接ぶっかけるというシステムである。[4]

焼きそばを加熱している段階では味付けせず、皿に盛った焼きそばへ、客がソースを直接かけている。浅草ひょうたん池の露店の焼きそばも、やはりソースを後からかけていたようだ。昭和二六年に池が埋め立てられたあとの露店について、野一色幹夫が昭和二八年に出版した『浅草』で、こう描写している。

立退きを命ぜられている元ヒヨウタン池ほとりの露店で中華ソバの立喰い。ただし「普通のでいいよ」と、豫め斷らないと不愉快な思いをする。看板は三十圓でも、おそ

うざい天プらみたいなものを一つのせて五十圓とられることもあるから御注意。

喰い足りなかったら、キヤベツとソバを鐵パンの上で焼き、水みたいなソースをザブザブかけたヤキソバを喰い、更に二つ十圓の今川焼を一皿。

これでも七十圓で足りる。百圓なら歸りの電車賃の足しに三十圓殘るという寸法。

金は使い様である。少くとも淺草で遊ぶには……。[5]

《キャベツとソバを鉄パンの上で焼き、水みたいなソースをザブザブかけたヤキソバ》という表現は、ソース後がけと解釈できる。焼きそばがソース後がけ方式になったのには、理由がある。戦後のソースには、人工甘味料のサッカリンやズルチンが使われていたからだ。

戦後のソースと人工甘味料の特性

戦前には、ソースへの人工甘味料の添加は禁止されていた。

大正一三年の読売新聞に、「危険なソース／砂糖代りにサッカリン使用／違反製造者多数検挙」として、人工甘味料取締法違反で摘発されたという記事がある。摘発した役所のコメントによると、サッカリンを使うと原価をかなり抑えられるらしい。

ソースを製造するには砂糖を一升に八錢位の割合で混入するのが普通だがサツカリンだと其が一厘から八毛位で間に合ふ[6]

「銭」の十分の一が「厘」、百分の一が「毛」。砂糖に比べてサッカリンの方が原材料費が八〇～一〇〇分の一で済む。しかし違法だった。また、昭和一〇年の朝日新聞では、ズルチンを使ったソースの摘発も報道されている。

有毒甘味料を使用のソース　製造販賣者にお灸

最近《さいきん》「ソース」中に有害《がい》なる甘味《かんみ》料を含《がん》有してゐるといふ風評《へう》があるので衛《えい》生検査《けんさ》所《しょ》で試験《しけん》の結果《けっか》「モラチン」と稱《せう》する人工甘味《かんみ》料を含《がん》有してゐることが判《はん》明した「モラチン」は消化を減殺する有毒性のもので昨年七月内務省衛生局長通牒に依り、全國的に使用を禁止せられてゐる「ヅルチン」の變名で、「モラチン」と變へて販賣してゐたものである[7]

これらの記事から、人工甘味料のサッカリンやズルチンが、戦前には食品添加物として認められておらず、ソースへの添加が禁じられていたことがわかる。

しかし日中戦争・太平洋戦争に伴い、他の食料品と同様、日本は砂糖不足に陥った。台湾などからの輸入もやがて止まってしまう。昭和一五年から砂糖は配給制になり[8]、昭和一九年八月には家庭用の砂糖の配給は停止された。戦争が終わっても砂糖の枯渇状態は続き、昭和二一年、政府は人工甘味料の使用を許可する。

ブルドックソース社は社史で、全ソースメーカーが置かれた当時の状況を次のように語っている。

昭和21年（1946年）5月、政府はこれまで食用として禁止していた溶性サッカリンの使用許可に踏みきり、7月にはズルチンの食品使用も許可された。砂糖の需給状況が依然として好転せず、甘味に対する要望が高まるなかで食品業者はこれらの使用を一斉に開始し、ソースもまたこれらのものの使用によって戦時中から続いていた無糖・無甘味のソースに終止符を打ち、戦前の製品にやや類似の味を出し得るようになった。[9]

甘味に頭を悩ませていたソースメーカー各社は、早速、人工甘味料を添加して、本来の味に近い商品を生産しはじめた。昭和二七年四月一日に砂糖の自由販売が再開されたが、人工甘味料の方が原価を安く抑えられることもあり、砂糖に切り替えるメーカーは限られていた。

同年九月の新聞では、《サッカリンソースに慣れた日本人のシタ》[10]とまで評されている。

そのサッカリンとズルチンだが、大量に使ったり加熱すると苦味が出てしまうという特性を持つ。昭和二二～二三年頃、高見順と野一色幹夫が連れ立って染太郎を訪れた際、サッカリンを使って煮た小豆を出された。

> 「ちょうどいま、煮アズキをこさえたンで……」まだ砂糖の代用に人工甘味料を用いていた時代なので、「甘いというより、サッカリン入れすぎてニガイよ」高見さんはこんなことを言いながら食べ、食べながら「あれから、こうして、ああして……」と、戦災のこと、現在の場所へ移ったいきさつなどを語るおばちゃんの話を聞く。
>
> 「――センセ、またチョイチョイ、浅草へいらしてや」
>
> 「来たいンだけど、恋人がいないンでネェ……だけど、このアズキ、ニガイねェ……昔みたいに惚れた女でもいれば、セッセと通うんだが……これニガイよ」といったあんばいで、話しの合間に「ニガイ、ニガイ」と言いながら食べているのがおかしかったが、それほどニガイのなら食べなければいいのに……というのは今の考え方で、当時はそれほど甘いものにも飢えていた。だから二人は、ニガイ煮アズキをキレイに平らげた[11]。

昭和二二年刊行の『家庭文化　食料の化学』では、サッカリンに水分を加えて熱を加えると、加水分解して甘味がなくなると説明されている。甘味がなくなった分、本来持つ苦味が前面に出てしまうのだ。

サッカリンは化學的に説明すると、カルボン酸とスルホン酸の兩酸の酸アミドである。一般に酸アミドは水と煮ると所謂加水分解を起して酸とアンモニアとに分れ易い。料理の際サッカリンを加へて煮たり、お汁粉のやうな熱い湯に加へたりすると甘味がなくなるといふのは、かやうな加水分解を受けるからである。[12]

同書によれば、サッカリンほどではないものの、ズルチンにも同様の性質があるらしい。熱を加える場合はなるべく短時間で、と注意している。

ヅルシン〔筆者注：ズルチンのこと〕は比較的熱水に耐えると述べたが、これはサッカリンに比べて熱水に對し安定だといふ意味であつて熱水に完全に安定だといふわけではない。熱水にはよく溶けて次第に分解し、味のないヂパラフェネチヂイル尿素その他に變るといふ。それ故料理に使ふ場合には出來るだけ熱水と煮る時間を短くするやうに注意したがよい。[12]

戦後の焼きそばが、加熱中ではなく後からソースをかけるようになったのは、これら人工甘味料の性質が原因と思われる。例えば、山形県酒田市にあるソース後がけスタイルの焼きそば専門店、米沢屋の店主は次のように語っている。

ここの焼きそばは、蒸した麺を鶏ガラスープで炒め、別に焼いておいた玉子や豚肉を、炒めた麺の上にのせ、食べる際、各自が好みに応じてソースをかける。

どうして味付けをしていないかと聞くと、昔のソースは美味しかった、それはチクロがふくまれていて後味がよかったからと。

しかし火を通すと、逆に味がわるくなるので、最後にかけるようにしたとの事。理にかなった調理法であろう。[13]

会話に出てきたチクロも、サッカリンやズルチンと同じ人工甘味料の一種だ。日本では、昭和三一年五月に食品添加物として認可された。[14] 当時は、人工甘味料を使ったソース全般に「加熱すると味が悪くなる」という認識ができていたのだろう。日本の各地に存在するソース後がけの焼きそばはこの時代の名残だと私は捉えている。

ところでチクロにも、サッカリンやズルチンと同じく、加熱による味変化があるのだろうか？　当時も気になったのだろう、チクロが認可された三年後の昭和三四年に、汁粉やぜんざいでの検証が行われている。

> チクロヘキシルスルファミン酸ソーダ〔筆者注：チクロの学術名〕を、こしあん、しるこ、ぜんざいに使用してその味見試験を行った。三者何れの場合も砂糖の甘さの40％をチクロヘキシルスルファミン酸ソーダで置き換えても著しい影響はなかったが、その使用量を増加して60％以上にすると二、三問題点が生じた。ぜんざいにチクロヘキシルスルファミン酸ソーダを使用する場合は砂糖の一部を水あめで置き換えれば味は向上し、片栗を混入すると外観上良好であって両者を併用したものでは全糖品に勝る結果を得た。[15]

この実験結果によれば、《砂糖の甘さの40％程度の添加なら問題なし》《60％を超えると二、三問題が生じた》とある。それでも、高見順が《ニガイ、ニガイ》と繰り返した、サッカリンを使用した煮アズキほどの苦味は出なかったようだ。

加熱しても苦味が出ないチクロ添加のソースならば、焼きそばを炒めながら味付けしても問題ない。昭和三〇年代に創業した焼きそば専門店の多くは、戦前と同じく加熱中にソースで味付けするスタイルを採用している。それは昭和三一年五月のチクロ認可でソースの性質が変わり、加熱に耐えられるようになったせいではないかと私は考えている。

戦後生まれの焼きそばのうち、ソース後がけは昭和三一年より前に発祥したか、あるいはその年代までルーツをたどれる可能性が高い。これをひとつの指標としたい。

それから「濃厚ソース」についても触れておこう。さらりとした「ウスターソース」に、でん粉などを加えて粘度を高めた「濃厚ソース」は、昭和二〇年代にソースメーカー各社から相次いで発売された。最も早かったのは、神戸市にあるオリバーソース社の前身、道満調味料研究所が昭和二三年に発売した「オリバーとんかつソース」とされる。発祥については次のように語られている。

> 神戸で暮らすことになった不二子〔筆者注：オリバーソース創業者、道満清氏の夫人〕にとって忘れられない東京の懐かしい味があった。浅草の近くにある忍丘高等女学校（現都立忍丘高校）に通っていたころ、裏門近くに店を構えていたコロッケ屋のコロッケとソースだ。お弁当に、そのコロッケを入れソースをたっぷりかけてもらっていたのだが、当時のソースはさらっとした液体のウスターソースだったため、どうしても弁当箱から

こぼれてしまう。そこで店主は、メリケン粉で固めたとろみのあるソースを考え出した。これが評判を呼んだ。戦後、東京では「とんかつ」が庶民の憧れの味として流行していた。不二子は結婚前、コロッケ屋で揚げたとんかつにとろみのあるソースをかけて食べるのが最高のごちそうだと思っていた。「じゃあ、そのどろっとしたソースを何とか造ってみようやないか」。凝り性の清の性格がうずいた。[16]

塗ってもこぼれない粘度は、とんかつだけでなく、お好み焼きにも向いていた。広島のオタフクソース社（旧・佐々木商店）は昭和二五年からソースの製造・販売を開始し、昭和二七年には利用者の声を反映してとろみをつけた「お好み焼用」ソースを発売している。濃厚ソースの普及につれて、お好み焼き店ではソース焼きそばの味付けにも使われるようになった。

ところで濃厚ソースについて、私なりの仮説がある。先ほど引用したチクロの実験結果では、《砂糖の一部を水あめで置き換え》《片栗を混入すると外観上良好》《両者を併用したものでは全糖品に勝る》と報告されていた。もしサッカリンやズルチンにも同様の性質があったなら、「濃厚ソース」への加工は人工甘味料の食味を、多少なりと向上させる効果があったのではないか。

第4章で述べるが、関西にはソース後がけの焼きそばがあまり存在せず、濃厚ソースで炒める焼きそばが多い。もし濃厚ソースへの加工によって、熱による食味悪化が軽減されるとしたら、関西で焼きそばに濃厚ソースを使う理由にもなる。ただ、これはあくまでも私の想像に過ぎない。食品加工技術や化学に詳しい人の検証を待ちたい。

それから、まったくの余談になるが、チクロ入りソースは随分と美味しかったらしい。チクロは発がん性が危惧されて、昭和四四年に禁止された。しかし現在ではチクロの発がん性は否定され、海外では許可している国も多い。一度でいいから味わってみたいものだと、個人的に念願している。

消えつつある昭和二〇年代の焼きそば

終戦直後の国民生活を支え、急速に発展したヤミ市だが終焉も急だった。GHQが昭和二四年八月四日に露店整理令を発令。各地のマーケットは迅速に整理され、昭和二六年にはほとんどが姿を消した。昭和二七年五月の食糧管理法改正で米を除く主要穀物の統制も撤廃され、ヤミ経済自体も収縮してゆく。ヤミ市が占有していた土地は、順次本来の権利者へ明け渡された。

ヤミ市を取り仕切っていたテキ屋集団は、本来の露天商稼業に戻ることになる。そういう意味では、縁日の焼きそば屋台は、ヤミ市で人気者だった焼きそばの正当な後継者といえよう。

また、当時の露店のほとんどはヤミ市とともに廃業したが、一部は移転地を用意されるなどして存続した。中でも新宿西口の思い出横丁は、戦後の安田組マーケットがほぼそのまま現存している貴重な区画だ。

昭和二三年に創業したラーメン屋の若月は、昭和三〇年代に竹内次作氏へと引き継がれ、平成三〇年（二〇一八年）まで思い出横丁で営業していた。ラーメンと並ぶ名物は、独特の太い蒸し麺とキャベツ、モヤシを使ったソース焼きそばだ。小ぶりの皿へ山盛りにし、青のりと紅生姜をトッピングして、「味が薄かったらどうぞ」とソースのボトルを添えて出す。まさに、戦後の味がそのまま残る焼きそばだった。

平成三〇年に若月は閉店したが、現在は竹内さんの名前を冠した「次作」という屋号のやきとん屋が、同じ場所で営業し、「若月焼きそば」という品を提供している。ただし現代の味覚に併せて変化させたのか、料理は別物だ。ソースは関西風の甘口で、炒める際にしっかり味付けされている。これはこれで美味しいのだが個人的には以前の味が懐かしい。運よく手透きのタイミングなら、「昔の味」でというリクエストが通るかもしれない。

西浅草、地下鉄田原町の駅前に店を構える「花家」も、昭和二〇年代前半から焼きそばを提供している貴重な存在だった。しかし、新型コロナの影響もあって、二〇二一年の五月末で閉店してしまった。

花家の焼きそばは細めの蒸し麺、キャベツ、モヤシを鉄板で炒め、青のりをトッピングしたごくシンプルな品だった。味付けはかなり薄味で、卓上のソースをかけて食べる人が多い。店内に飾られていた昭和二〇年代の看板も印象に残っている。

野一色幹夫が昭和二八年に出版した『浅草』に、この「花家」らしき店が登場する。

> 汚れた地下水が滴るため、地下鐵田原町驛の石段を上るときは、氣をつけないと洋服にシミが付く。質に入れるとき値が下ると案じる方は、急いで駈け上ることをおすすめしたい。
>
> 地上へ出ると、眞ッ先きに鼻を衝くネギの焦げる匂い。お白粉のハゲたオデコに汗を流し、「いらッさい」と客を呼ぶネエちゃんの獨特の聲にぶつかる。これが淺草第一歩。
>
> ずらりと竝ぶ、ソバ三、ネギ七といわれる焼ソバ屋。上のほうがソバで下はネギかキャベツばかりの大盛り一皿三十圓。[17]

また、雑誌『東京だより　昭和二九年四月号』の「浅草散歩」という記事でも、田原町駅

新宿　若月の焼きそば(2011年撮影)

田原町 花家の焼きそばと
昭和20年代の看板(2012年撮影)

出口の焼きそば屋に触れられている。

地下から地上に出たトタン、安もの油の匂がプウンと漂う、それはこゝに竝ぶ焼ソバ屋からである。榮養タップリな体格の姉さん連が、金切り聲で客を呼び込んでいる。ソバ三、ネギ七といわれている安ものであるが結構客は値段につられて入っている。先づこのコースのプロローグは焼ソバの匂に始まるわけである。[18]

私が実食した「花家」の焼きそばには、ネギが使われていなかったので、若干この記述と異なる。また《ずらりと並ぶ》という表現は、他にも焼きそば屋があったことを示唆している。浅草界隈で情報収集した際に、「花家の一角には二店舗、焼きそば屋が並んでいた」という話を複数人からうかがった。もしかしたら、その今はなき店で、ネギを使っていたのかもしれない。

浅草といえば、ひょうたん池の露店群はどうなったのか。前述の通り、ひょうたん池は昭和二六年に埋められた。昭和二六年八月二四日付の読売新聞に、《浅草公園模様替え、露店街になるヒョウタン池》という記事がある。戦災で本堂を消失した浅草寺が、ひょうたん池を埋め立てて更地にし、売却して債権費にあてようという計画だ。実際にひょうたん池は埋め立てられてしまったのだが、その後も露店は昭和四〇年近くまで残っていた。

「天皇家のお料理番」として知られる料理人の秋山徳蔵が、浅草の大型食堂で、不味いおでんとラーメンを食べたあとに、その露店群を訪れている。昭和三一年に出版された『味の散歩』所収、「浅草の味」から引用しよう。

おでんを食べてみる。まずい。連れはラーメンをとったが、途中でハシを置いてしまった。

こんなものを食べさせて、どうして繁昌しているのか（中略）それにしてもちょっとひどすぎると中ッ腹になりながらその店を出て、迷路のような古洋服屋街を抜けると、こんどはまた対照的に小さい、汚いバラックの食べもの屋が目白押しに並んでいる。鉄板の上で強烈な匂いをあげている焼きソバ、グツグツ煮立っている豚モツの煮込み、杉なりに積まれたゆで卵――まだ日が高いのにいい機嫌で歌がはじまっている店もある。その一軒にはいって、もういちどおでんを食べてみた。ところが、オヤと思うくらい味加減がいいのである。[19]

台東区立中央図書館所蔵の写真群、「高相嘉男コレクション」には、ひょうたん池跡地に残っていた昭和三九年時点の焼きそば露店の写真もある。二店が並んでいて、どちらも値段は「五十円」「七十円」の二通り。後者は大盛りの価格なのだろう。[20][21]

この露店もやがて姿を消したが、入れ替わるようにして昭和四〇年に浅草地下街で、焼きそばが看板メニューの「福ちゃん」という店がオープンした。地下街の雰囲気も焼きそばの味もヤミ市を彷彿とさせる店だ。往時の焼きそばに興味がある読者は、一度足を運んでみるとよいだろう。

昭和39年の焼きそば露店
台東区立中央図書館所蔵　撮影:髙相嘉男氏

浅草　福ちゃんの焼きそば（2011年撮影）

●この節の要約

・焼きそばに必要な麺・キャベツ・ソースは、戦後食糧難の時代でも比較的入手しやすかった
・戦後のソースには人工甘味料が添加され、加熱すると苦味が出るためソース後がけスタイルが定着した
・その後、濃厚ソースの発売やチクロの認可で、炒めながら味付けするスタイルが復活したと思われる

第4章

全国に拡散するソースの香り

ヤミ市で人気を博したソース焼きそばは、上京してきた地方出身者や外地から帰還した者たちの目にも留まった。彼らが地元でそれを提供することを考えたのか、あるいはテキ屋稼業の横のつながりがあったのか。昭和二〇年代から三〇年代にかけて、ソース焼きそばが全国各地へ段階的に伝播し、新たな食文化が芽を吹き始める。

この章ではソース焼きそばが全国へ伝播する様子を明らかにしたいと思う。だがその前に、戦前の関西のソース焼きそばについて、改めて考察しておきたい。この点を踏まえておかないと、西日本のソース焼きそば伝播について語れないからだ。

第1節　戦前の関西のソース焼きそば事情

関西で戦前にソース焼きそばが提供されていたことを示す事例は、今のところ、大阪で一件しか見つかっていない。昭和六年生まれのジャーナリスト・黒田清が、幼稚園・小学生時代の思い出を語る中で、天満天神の縁日に出ていた「やきそば」を挙げている。この証言だけだ。

> わが家は天満天神の氏子だった。（中略）
> 天神さんと親しくなるのは、お正月と夏祭のときくらいだった。（中略）
> 境内には、子供にとっての夢がいっぱいあった。たこ焼き、回転焼き、イカ焼き、モダン焼き、やきそば、コロッケ、朝鮮飴、ハッカや甘い粉を入れた子供用のパイプ、パチンコ、スマート・ボール、輪投げ、鉄砲打ち、山安《やまやす》の蛇使い。[1]

「モダン焼き」の名前も見えるが、現在普及している麺入りのお好み焼きではない。別の書籍での著者本人の解説によると、現代では「リング焼き」や「大阪焼き」と呼ばれるコナモンらしい。

「モダン焼」というのは鉄板の上に直径七、八センチの銅の輪を乗せその中でメリケン粉を焼いて作るお菓子である。屋台のおっさんは、焼く合間には銅のワッパを棒に通して、ガラガラガラと音を立てて回し、客を呼んでいた。銅の輪がいつもきれいに光って、行く人の気を引いた。[2]

同時代の東京の下町では、縁日に関係なく焼きそばの屋台が売り歩いており、固定の店舗もすでに存在していた。一方、大阪での唯一の証言は正月や夏祭りに限られた露店である。ソース焼きそばが存在していたとしても、日常的に食べられるほどは普及していなかったと見なしてよいだろう。

戦前に広い範囲でお好み焼きが広まったにもかかわらず、ソース焼きそばは関西に普及しなかった。その理由について『お好み焼きの物語』では、中華麺の入手が困難だったからと推測している。

しかしながら、天ものが大正時代末から昭和のはじめに日本各地に広まった一方、戦前のソース焼きそばの普及は東京のみに留まった。ソース焼きそばは第二次世界大戦後に生まれた、という俗説がある。この俗説は間違いであるが、東京以外における普及、という意味では第二次世界大戦後ということになろう。
　東京以外の土地において、戦前にソース焼きそばが広まらなかった理由。それは、中華麺を容易に入手できる環境が整っていたのが、東京のみであったからと推測する。[3]
　私もこの意見に賛成だ。ただし、少なくとも知識としては、お好み焼きとともに、ソース焼きそばも戦前の関西に伝わっていたと考えている。〝伝播しなかった〟のではなく、〝伝播したが提供されなかった〟という仮説だ。

焼きそばのないお好み焼き屋はほとんどない

　少なくとも知識としてソース焼きそばが戦前の関西に伝わっていた。私がそう考える一番の理由は、「古今東西、焼きそばのないお好み焼き屋はほとんどない」という点だ。

　お好み焼き屋のメニューには焼きそばがほぼ必ずある。「一銭洋食」「洋食焼き」「どんどん焼き」などの屋台は焼きそばを置いていない。しかし、店舗業態のお好み焼き屋で、焼きそばがない例を私は思い出せない。もし焼きそばを知らず、お好み焼きだけが伝播したのなら、その地域全体に焼きそばがないお好み焼き屋が普及しているはずだ。しかし、そんな地域はない。

また、ソース焼きそばは、「天もの」をしのぐ人気商品だった。『お好み焼きの物語』にはこう書かれている。

大正末もしくは昭和はじめにお好み焼きのメニュー＝中華料理の炒麺のパロディとして誕生したソース焼きそばだが、その人気は天ものさえもしのぐものであった。[3]

染太郎でも焼きそばは「舌代」（品書き）の筆頭に記載されていた。[45] このことからも、人気メニューだったことがうかがえる。地域に限らず、店舗業態でお好み焼き屋を始めるのなら、売り上げの見込める焼きそばは外せまい。

戦前の関西には、お好み焼きの店舗業態が複数存在していた。昭和八年創業の神戸「みずはら」。昭和一二年創業の大阪「以登家」。屋台ならともかく、それら店舗業態のお好み焼き屋なら、ソース焼きそばの存在くらいは知っていたのではないか。

もちろん、知っていることと、実際に販売することは別だ。戦前に中華麺、しかも蒸し麺を入手するとなると、東京と他地域では仕入れの難しさが大きく異なる。以前にも書いた通り、ソース焼きそばの発祥や伝播を検討する際は、中華麺の入手方法と仕入れ価格が最大の課題となる。関西で戦前の焼きそばの証言が一件しか見つかっていないのは、蒸した中華麺の仕入れが難しいか、原価に見合わないため提供できなかったのだと推測できる。

麺を代用した可能性

ただし、関西では手に入りやすく安価なうどんなどで代用した可能性がある。

例として、「みずはら」に触れておこう。現存するお好み焼き屋としては日本全国で最も古い店だ。

西日本の焼きそばの歴史において、「みずはら」のある神戸市長田区はとても重要な地域である。長田区を含む兵庫県南部の一部地域では、お好み焼きを「にくてん」と呼ぶ。二〇一五年に出版された『西新開地（西神戸）物語』では、「長田お好み焼きおもしろ雑学」という文章を引用して、長田住民の「にくてん」という呼称への思い入れを披瀝している。

> 暖簾に「お好み焼き」とあっても私たちはそう呼ばなかった。なんと言ったかというと〝にくてん〟である。「お好み焼き」が一般名詞となった今は、〝にくてん〟と呼ぶのは死語のようだ。でも〝にくてん〟と呼ぶほうが長田らしいではないか。この際〝にくてん〟という名称に復活させることを提唱したい。（長田お好み焼きおもしろ雑学[6]）

神戸市新長田　みずはらのうどん焼き（2019年撮影）

戦前の長田区二葉町五丁目付近は、「二葉新地」という花柳街で、「肉てん横丁」「にくてん街」と呼ばれるほどお好み焼き店が密集していた。[7] お好み焼き店「みずはら」も、「二葉新地」の「にくてん街」で創業し、後に現在の場所へ移転したという。[8] 昭和八年に創業した「みずはら」ですら、《にくてん街では一番新しい店》だったというから、長田の「にくてん」の歴史は少なくとも昭和のごく初期まで遡れることになる。

二〇一九年六月に広島のお好み焼きの歴史をまとめた書籍『熱狂のお好み焼』が出版された。その著者、シャオヘイ氏が「みずはら」を訪れた際、お好み焼きに中華麺やうどんを乗せたモダン焼きについて、次のような証言を得ている。

> 昭和8年（1933）創業、日本で最も古いお好み焼店、神戸市「みずはら」では、昔からうどんを入れてたと三代目店主が教えてくれた。蕎麦を入れたりもしたらしい。[9]

この証言について、私がシャオヘイ氏に詳細を確認したところ、三代目店主は「先代からそう聞いたという伝聞なので、戦前かどうか明確な時期はわからない」と断ったうえで、うどんや日本蕎麦を使った理由を「中華麺よりも安かったみたいなんですよ」と話されたそうだ。本来は中華麺を使うべきだが、仕入れの都合で他の麺を代用したという話である。私も二〇一九年一一月にみずはらを訪れた際、同じ内容の話をご主人からうかがうことができた。

中華麺は高かったから、うどんや日本蕎麦で代用した。ソース焼きそばの提供可否は、中華麺の入手方法と仕入れ価格が最大の課題なのだが、ほかの麺で代用するという解決方法もあったのだ。

神戸市新開地にあった「食堂トシヤ」は、昭和二八年頃から日本蕎麦を使った「そば焼き」を提供していた。[10] そちらは従業員のまかないとして始まったとされているが、もしかしたらもともとは中華麺の代用だったのかもしれない。ちなみに和蕎麦だから「そば焼き」というわけでない。神戸の一部では、普通のソース焼きそばも「そば焼き」と呼ぶ。そういう習慣なのだ。

京都府福知山市のお好み焼き屋では、「ゴムそば」と呼ばれる蒸し中華麺が使われている。この「ゴムそば」の発祥について、京都新聞では次のように報じている。

発祥は、同市中ノで1950年に創業したお好み焼き店「神戸焼」。創業者の故永井孝三郎さんが、戦時中に中国で食べた広東麺の味が忘れられず、地元の製麺業者と麺を再現したのが始まりという。[11]

《戦時中に中国で食べた広東麺》というエピソードはともかく、お好み焼き店「神戸焼」の創業者は、本来のソース焼きそばが蒸し麺を使うことを知っていた可能性が高い。「神戸焼」という屋号の通り、この店は神戸スタイルのお好み焼きが売りの店として昭和二五年に開業した。つまり、昭和二五年以前に焼き方を習ったであろう神戸のどこかのお好み焼き屋でも、ソース焼きそばは蒸し麺とわかっていたことになる。

中国の麺文化に詳しい伝承料理研究家の奥村彪生氏は、この福知山の蒸し麺「ゴムそば」を取り上げた朝日新聞関西版の記事で、次のように解説している。

中国の広東省や福建省には生めん以外に固ゆでして油をまぶしたものと蒸しめんが売られている。いずれもかんすいが入っている。前者は福建式で、後者は広東式である。福建式はゆでるから、ある程度かんすいは抜ける。そのために色調はやや黄色みを帯びる。広東式は蒸すから、めん自体かんすい焼けして焦げ茶色になる。そのうえ水分の含有量は福建式より少ないから、触感〔筆者注：原文ママ〕はゴムのように弾力に富んだめんに仕上がる。関西のお好み焼き屋で作るソース焼きそばは大阪がルーツのようだが、ほとんどは福建式の固ゆでめんを使う。（中略）
　奥村さんが福知山市の広東式めんを知ったのは、「幻の焼きそば」をテーマに5月に放映された関西テレビの食番組の解説を求められたときだった。広東式めんは関東で出す店があることは知っていたが、関西で食べている地域があるとは驚きだったという。[12]

《大阪がルーツ》云々という部分には異論を挟みたいが、彼のコメントには重要な示唆が含まれている。《関西のお好み焼き屋で作るソース焼きそばは》《ほとんどは福建式の固ゆでめんを使う》。そして、《広東式めんは関東で出す店があることは知っていたが、関西で食べている地域があるとは驚き》という。関西で蒸した中華麺は、そこまで希少な存在なのだ。東京のソース焼きそばを、関西でそのまま提供することの困難さがわかる。

戦前・終戦直後の関西「焼うどん」

　一方、ソース焼きそばではなく「焼うどん」（神戸の一部では「うどん焼」とも呼ばれる）なら、戦前から関西に存在していた。焼うどんは北九州小倉発祥という通説があるが、

神戸市新開地　食堂トシヤのそば焼き(2011年撮影)

京都府福知山市　神戸焼の焼きそば(2012年撮影)

京都府福知山市　お好み焼ふじのゴムそば(2012年撮影)

それより前である。また、戦後もかなり早い時期から焼うどんが現れている。
まず浅草芸人の古川ロッパの証言。《関西で、それは戦争はるか以前》にヒモカワうどんと挽肉を軽く炒めた「焼うどん」を食べたという。

戦時、代用食として、焼うどんなど、いふものを、食はされた。然し、焼うどんてものを、僕が、生れて初めて食つたのは、關西で、それは戰爭はるか以前のことだつた。うどんと言つても、たしかヒモカワだつた。挽肉を掛けて、炒麵のやうに、輕く炒めたものである。これはこれで、お値段から言つて、決して悪い食ひものではなかつた。今でも、焼うどんを食はせる店は、東京にもあるが、僕は、汁の中へ浸つてるのより、此の方を愛す。[13]

『古川ロッパ昭和日記』を調べてみると、昭和一五年一〇月七日に大阪の「木の実」という店で「やきうどん」を食べた記録がある。おそらく、これだろう。

浪花座の前で、あきれたぼういずが出てゐるので、呼び出し、ニューパレスでソーダ水を飲み、木の実でやきうどんなど食って劇場へ。[14]

彼は同じ店を約一年前、昭和一四年一〇月九日にも訪れている。その時は《トンカツと天ぷら》を食べている。

木の実へ寄り、トンカツと天ぷらを食ひ、菊ずし迄行って、すしを食ふ。

『夫婦善哉』の作者、織田作之助も同じ「木の実」で「焼うどん」を食べている。《牛肉の山椒焼》、《肝とセロリーのバタ焼》なども売られていたようだ。

けれども今もなお私は「月ヶ瀬」のぶぶ漬に食指を感ずるのである。そこの横丁にある「木の実」へ牛肉の山椒焼や焼うどんや肝とセロリーのバタ焼などを食べに行くたびに、三度のうち一度ぐらいはぶぶ漬を食べて見ようかとふと思うのは、そのぶぶ漬の味がよいというのではなく、しるこ屋でぶぶ漬を売るということや、文楽芝居のようなお櫃に何となく大阪を感ずるからである。[15]

「木の実」という店については、『東京雑写』というブログで検証されている。[16] そちらを参考に資料を当たってみた。

織田作之助の親友、青山光二によると、織田が「木の実」へ通ったのは、昭和一一年ごろの話らしい。場所は戎橋筋の路地だ。

戎橋筋《えびす》の、とある路地の『木《こ》の実《み》』という細長い小店で、毎日のように〝牛肉の山椒焼き〟というのを食べた。織田が見つけて、私をその店へひっぱって行ったのだ。というのが、私が牛肉を好まないのを知っていて、これなら厭とは云うまいと思ったらしいのだ。そして結果は、厭と云うどころか私は〝牛肉の山椒焼き〟の病みつきになってしまったのである。

昭和十一年の夏にかかる頃ではなかったかと思う。[17]

さらに、「昭和初年頃のカフェー案内図」に「木の実」の広告があり、[18]昭和一二年の電話帳では職種欄に「とんかつ」と記載されていた。[19]

以上の資料から、戎橋筋の路地にあった「木の実」は、カフェーまたはとんかつ屋で、昭和一一〜一五年頃に焼うどんを提供していたことがわかる。それはおそらく、ヒモカワうどんと挽肉を炒めたものだった。
ちなみにロッパは、昭和一四年に「木の実」を訪れた日、お好み焼き屋「千どり」へも寄っている。

大雅で、都築文男、井口静波等と会ひ、千どりといふお好み焼へ行って、いろ〳〵焼いて食った。

その翌日昭和一四年一〇月一〇日も、お好み焼き屋「千どり」へ行っている。《世の中には変ったものもある》《大まじめで食ってるのが実に可笑しい》というから、大阪でもやっぱり遊戯的な料理だったのだ。

昨夜行ったお好み焼へ堀井夫妻と竹川・女房とで行く。千どりお好み焼店、世の中には変ったものもあるもの、此の趣味、此の味、大まじめで食ってるのが実に可笑しい、五人で三円五十銭。それで腹が張ったからい丶。

さらに一週間後、昭和一四年一〇月一七日にも「千鳥（千どり）」へ行き、「自由焼」なるものを楽しんでいる。

心配事あるもの丶、千鳥お好みやきへ行って、自由焼をたのしみ、腹一杯になってしまった。

「自由焼」がどのような品なのかは不明だが、『ロッパ食談』のあとがきでお好み焼きに触れ、《この頃盛になったものに、お好み焼が、あります。大阪が一番盛なようです》と述べたあと、《材料を貰って、自由に鉄板の上へ、字や絵を描いて、出来損ったら、食べてしまえばいいのです》と説明している。おそらくこれが「自由焼」だと思われる。[20] カフェーあるいはとんかつ屋「木の実」の近所には、お好み焼き屋「千どり」があった。もしかしたら「木の実」が焼うどんを提供するに至ったのは、お好み焼き「千どり」の影響があったかもしれない。また、とんかつ屋ならソースで味付けした可能性も高いように思う。

「木の実」の焼うどん以外にも、私は戦前に由来するというソース味の焼うどんを、京都で食べたことがある。祇園にある「喫茶カトレヤ」という店だ。そこの店主は、代々、八坂神社の水守の家系だそうで、明治時代から家で食べられてきたという焼うどんを提供していた。モチっとしたうどんと炒り玉子、ベーコンを塩味で炒め、生キャベツの千切りを乗せ、ソースを後からかけるという独特な品だ。類似の品を他で見たことがなく、食文化として定着していたわけではないだろうが、戦前の京都にもソース味の焼うどんがあったことになる。

それから、これは戦後だが、神戸市長田区にある昭和二二年創業のお好み焼き「志ば多」にも触れておきたい。「志ば多」はモダン焼き発祥の店と言われており、創業当初からモダン焼きを提供している。オリジナルのモダン焼きはそば玉＝中華麺ではなく、うどん玉を使っていた。うどん玉とキャベツ、スジコンをソースで炒め、薄く焼いた小麦粉の生地と重ねて焼き上げるのが、神戸流のモダン焼きだ。うどんを使ったのは「みずはら」と同じく、やはり仕入れやすさや原価が理由だと思われる。「志ば多」は創業前に一〜二年、屋台の時代もあったという[21]。こちらの創業者もやはり、戦前からソース焼きそばを知っていた可能性が高い。

もうひとつ戦後の店を挙げたい。大阪府泉北郡忠岡町に、昭和二三年創業の「忠岡屋」という食堂がある。この店の名物が、つゆだくの焼うどんなのだ。うどんと牛肉、玉ネギなどを中華鍋で炒め、昆布と鰹節を使った出し汁で味付けしたもので、通称、「しゅる（汁）の焼うどん」と呼ばれている。私が直に店主から聞いた話によると、元々は岸和田で台湾人が営んでいた「明陽軒」という店の焼うどんがルーツで、材料も味付けも創業以来まったく同じとのこと。お好み焼きではなく、台湾料理の系譜に連なる品だが、これも焼うどんだ。

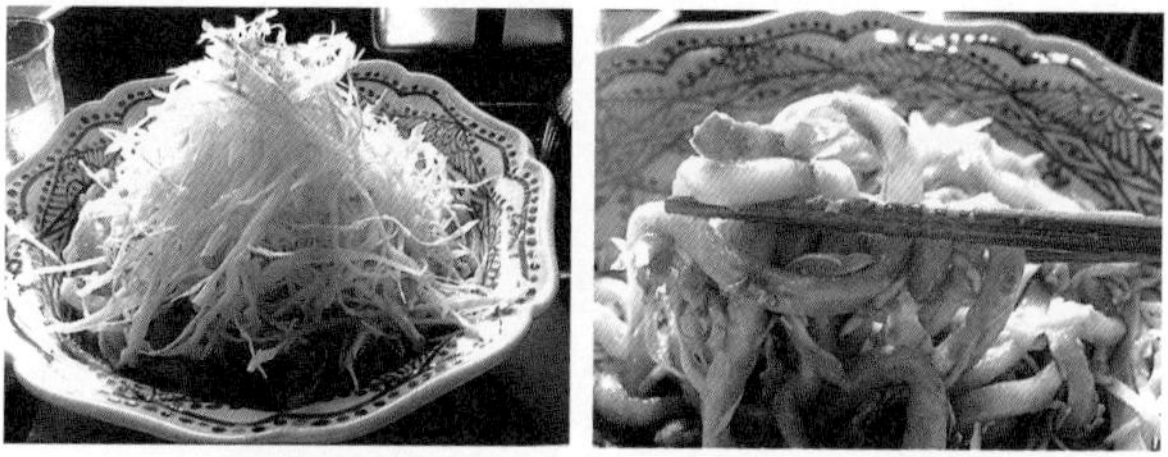

京都市祇園　喫茶カトレヤの焼うどん(2012年撮影)

神戸市長田区　志ば多のモダン焼き(2012年撮影)

大阪府泉北郡忠岡町　忠岡屋の焼うどん(2012年撮影)

関西のお好み焼き屋には、ほぼ必ず「焼うどん」があるが、戦前の東京のお好み焼き屋に「焼うどん」は存在しなかった。「焼きそば」は支那料理の「炒麺《ヤキソバ》」を元ネタにして生まれたが、「焼うどん」にはパロディの元ネタにすべき料理がないのだ。上方落語の演目「時うどん」が、江戸落語へ移植されて「時そば」になったというが、「焼きそば」「焼うどん」にも東西の食文化の違いが現れていて面白い。

これら戦前や終戦直後の、関西での焼うどんに関する証言や品々を見ていくと、ソース焼きそばはなくても、ソース焼うどんは戦前でも提供できたのではと思えてくる。少なくとも、お好み焼き屋で焼うどんを提供するようになったのは、関西からと考えるのが自然だろう。

茹で麺を使う関西の焼きそば

さらに蒸し麺の仕入れが難しかったとしても、茹でた中華麺なら仕入れて焼きそばに使った可能性がある。

全国的に焼きそば用の麺は蒸し麺が多い。代表的なのは、東洋水産のヒット商品、「マルちゃん焼そば三人前」だ。かん水を含む中華麺を蒸すと麺は黄色味を帯び、深蒸し麺・二度蒸し麺の場合は濃い茶色にまでなる。俗に「かん水焼け」と呼ばれる現象だ。クチナシ色素や卵黄を使って着色している商品も多い。「プロローグ」で紹介した昭和一一年の焼きそば屋台も、池袋のヤミ市にあった丁字屋も蒸し麺だった。

それに対して、関西地域の焼きそばは蒸し麺ではなく茹で麺が主流だ。特に大阪のお好み焼き屋で提供されている焼きそばは、大手チェーンを含めて、うどんを思わせる太い茹で麺を使っていることが多い。神戸市長田区は蒸し麺だが、それは関西でも例外的なケースだ。

先に引用したが、奥村彪生氏は、《関西のお好み焼き屋で作るソース焼きそばは》《ほとんどは福建式の固ゆでめんを使う》とコメントしている。福建式という点については未検証だが、茹で麺なのは確かだ。昭和五二年の食品業界向け専門誌『ジャパンフードサイエンス食品加工と包装技術』では、《一般的な焼きそば麺は蒸し麺だが、関西では茹で麺を焼きそばに使う》と記されている。[22] また昭和五九年に出版された『麺類百科事典』でも、焼きそば用中華麺の地域差について、《関西以西になると蒸すということはほとんどなくなる》と記載されている。[23] このように関西の焼きそばは茹で麺が主流だ。

大阪の東成区で昭和二四年に発祥したというソース後がけの「今里焼きそば」も、蒸し麺ではなくうどんのような太い茹で麺を使う。また、同じ地域には、同程度の太さの中華麺を使った、「高井田系ラーメン」も定着している。

これは私の想像だが、昭和二〇年代以前の大阪で中華麺を求めた場合、東京の支那そばで使われていた細い麺より、当時「支那うどん」とも呼ばれていた長崎ちゃんぽんで使うよう

大阪市東成区　宝来亭の今里焼きそば（2016年撮影）

大阪市東成区　光洋軒のチャーシュー麺（2019年撮影）

な太麺の方が、一般的だったのではないだろうか。「みずはら」が中華麺の代わりにうどん玉を使ったのと同じように、大阪では蒸した細い中華麺が入手しづらかったから、太い茹で麺をソース焼きそばに使うようになった。それが大阪の焼きそばの標準として定着し、関西の他地域でも、麺線の太さは異なれど、同じように蒸し麺ではなく茹で麺が使われたと思われる。

茹で麺を使った焼きそばが関西の主流になっているのを目の当たりにすると、戦前から一部のお好み焼き屋では、茹で麺やうどんで代用した焼きそば・焼うどんを提供していたように思う。たとえ提供していなくても、それは仕入れの問題が理由なだけで、基本的にソース焼きそばを知識として知っていたはずだ。でなければ、地域に限らずほぼすべてのお好み焼き屋で焼きそばが提供されていることの説明がつかない。

以上の考察から、私は以下の結論に辿り着いた。

戦前も戦後も店舗業態のお好み焼き屋は、ソース焼きそばの存在を知識として知っていた。たとえ普段は提供していなくても、もし中華麺が安く手に入れば提供した。結果的に、店舗業態のお好み焼き屋の伝播は、ソース焼きそばの伝播とほとんど同じとみなすことができる。

いささか乱暴な結論と思われるかもしれないが、このような前提がないと、ソース焼きそばが伝播した全容を解明できないので、ご容赦願いたい。その前提で、ソース焼きそばが日本全国に伝播した流れを追ってみたい。

●この節の要約

・少なくとも知識としては、戦前の関西にソース焼きそばが伝わっていたのではないか
・蒸した中華麺の代わりに、うどん玉や茹で中華麺を使った事例が複数ある
・店舗業態のお好み焼き屋の伝播は、ソース焼きそばの伝播とほとんど同じとみなすことができる

第2節　全国の老舗焼きそば店・お好み焼き店（前篇）

　全国にはお好み焼き・ソース焼きそばの老舗が点在している。それらの老舗の創業年、あるいはいつ頃からソース焼きそばを提供し始めたのかを、私なりに可能な範囲で調べてみた。中でも、昭和二〇年代から三〇年代にかけて創業した店や、発祥したご当地焼きそばに着目してみた。いわゆる「日本三大焼きそば」とされている、富士宮やきそば・横手やきそば・上州太田やきそばもこの時代だ。

　その着目した店や焼きそばを、地域ごとに年代も添えて列挙していきたい。それがソース焼きそばの伝播の実態を知る、手がかりになると思うのだ。

　もちろん、名前を遺さないまま消えてしまった店は数知れないし、店舗より屋台の方が先行したり、年代が間違っているケースもあるだろう。しかし、例えば点描画でごく一部に間違えた色を塗っても全体像には違和感がないように、最後に俯瞰すれば一部年代の誤差はあるにせよ、だいたいの流れが見えてくるのではないか。冗長に感じるかもしれないが、我慢強く付き合ってほしい。

なお、創業年の情報元は、新聞やテレビなどの大手メディア、店自身や商店街などの公式サイト、明らかに店の了承の元で取材をしているウェブサイト、そして私が直接店主に確認したものに限定している。

関東地方：肉を使わないシンプル派が主流

スタートは関東地方。関東平野の各県には、焼きそば専門店が点在している。北関東一帯、東武鉄道で浅草と繋がっている群馬県と栃木県の両毛地域が特に多く、他地域に先駆けてソース焼きそばが普及した。

例えば宇都宮で昭和八年に創業した大塚ソースの二代目店主・大塚康宥《やすひろ》氏は、《宇都宮に初めて焼きそば店がオープンしたのは戦前》と証言している。[1]

また月星ソースを製造する栃木県足利市の月星食品は、昭和三〇年代の焼きそば屋台の写真を所蔵しており、公式サイトで当時の様子が解説されている。

> 足利近辺には人が集まる場所に鉄板をつんだ、リヤカーつきの屋台でチンチンと鐘を鳴らしながら来て、焼きそばを焼いてくれる焼きそば屋さんが数多くいました。それも包装紙は新聞紙。そして食べる割り箸はたいへん貴重な物なので、ところてんのように

昭和30～35年頃　栃木県足利市にて撮影
（月星食品株式会社所蔵）

1本で食べていたそうです。[2]

「ハンドルのベル」「包装紙は新聞紙」「割り箸一本で食べる」など、戦前に東京下町を売り歩いていた屋台が、そのまま北関東に引き継がれたかのようだ。

では関東各県の老舗を挙げていこう。

群馬県。「上州太田やきそば」の太田市を擁するが、それ以外の地域でも専門店が多い。

・前橋市「あくざわ」昭和二三年以前[3]
・伊勢崎市「ほその」昭和二五年[4]
・高崎市「もりや食堂」昭和二六年頃[5]
・太田市「岩崎屋」昭和三二年[6]

東隣の栃木県。地元紙・下野新聞社が、『栃木の焼

関東地方の焼きそば

群馬県伊勢崎市
ほその

栃木県宇都宮市
石田屋

埼玉県行田市
古沢商店

茨城県ひたちなか市
すみよし

千葉県茂原市
もりたや

神奈川県横浜市
磯村屋

きそば』という冊子を出版するほど、県下全域に焼きそばが普及している。

・宇都宮市「松が峰教会近くの焼きそば屋」昭和二〇年以前
・日光市「れんがｙａ」は、前身の店が昭和二三年以前／ソース後がけ[7]
・宇都宮市「やきそば石田屋」昭和二七年／ソース後がけ[8]
・大田原市「東宝食堂」昭和二九年[9]
・那須塩原市「釜彦食堂」（スープ入り焼きそば）昭和三〇年[10]
・足利市「高田やきそば店」昭和三三年[11]
・鹿沼市「ひかり食堂」は後継店の記述から昭和三六年以前[12]

埼玉県。行田市「古沢商店」は、なんと大正一四年の創業だ。焼きそばの提供開始時期は不明だが、フライ（行田独特のシンプルなコナモン）は当時から提供していたという。

・行田市「古沢商店」大正一四年[13]（！）
・川越市「太麺焼きそば」昭和二一年[14]
・熊谷市「本間焼そば店」昭和三一年以前[15]

・深谷市「ぽてとや」昭和三一年以前

茨城県。「那珂湊焼きそば」以外にも、筑西地域に焼きそば専門店が広範囲に点在している。ただ、そのエリアで昭和三〇年代までの創業を確認できた店は見つからなかった。

・ひたちなか市「那珂湊焼きそば」昭和二九年／ソース後がけ[16]

千葉県。君津市や木更津市には、「志保沢」「いずみ食堂」など、乾麺を使ったソース焼きそば文化があるが、提供開始時期は特定できていない。

・茂原市「もりたや」昭和二五年／ソース後がけ[17]
・八街市「白井焼きそば」昭和三三年[18]
・一ノ宮町「かさや」昭和三〇年代／ソース後がけ[19]

神奈川県。東京から近いので実際にはもっと早く伝播していたと思う。ただ、この節の主眼は首都圏外なので、ここでは二〇年代創業の二店を挙げておけば充分だろう。

・横浜市「磯村屋」昭和二五年[20]
・横浜市「お好み焼　みかさ」昭和二八年[21]

関東の老舗のソース焼きそばは、蒸し麺とキャベツだけで肉を使わないシンプルなスタイルという傾向がみられる。戦前の浅草で食べられていた焼きそばの名残だろう。また、宇都宮や千葉などには、ソース後がけスタイルの店も多い。専門店のある地域では、持ち帰りも含めて焼きそばが食文化として根付いている。二代、三代と引き継いで、今も数多くの焼きそば専門店が営業を続けている。

東北地方：ソース後がけ焼きそばが点在

続いて東北地方。東北も焼きそば専門店や焼きそばを名物にする店が意外と多い。ソース後がけも点在している。

まず福島県。福島市「たけや」は正確な創業年は不明だが、ソース後がけスタイルなので昭和三一年以前かもしれない。

東北地方の焼きそば

福島県須賀川市
とん珍

山形県山形市
つり味　緑町店

山形県酒田市
米沢屋

宮城県石巻市
藤や食堂

秋田県横手市
神谷焼そば店

青森県青森市
やきそば鈴木

・須賀川市「とん珍」昭和二五年頃[22]
・浪江町「縄のれん」昭和三〇年[23]
・喜多方市「食堂いとう」昭和三二年[24]
・福島市「たけや」昭和三九年以前／ソース後がけ[25]

山形県。山形は各地にソース後がけ焼きそばが残っている。創業年不明の店も参考までに記載しておく。庄内地方は、余目《あまるめ》という町にあった「文杉《あやすぎ》」がルーツと判明しているので、それに集約した。

・山形市「つり味」昭和二七年[26]
・天童市「広野屋」創業年不明／ソース後がけ
・天童市「都屋」創業年不明／ソース後がけ
・新庄市「三浦やきそば店」創業年不明／醤油味
・旧余目町「文杉」創業年不明／ソース後がけ
・酒田市「米沢屋」昭和三三年／ソース後がけ[27]

宮城県。宮城県石巻市の「島金商店」は、「石巻やきそば」に不可欠の茶色い蒸し麺を製造している。「石巻やきそば」もソース後がけが特徴だ。

・石巻市「島金商店」昭和二八年／ソース後がけ[28]
・柴田郡柴田町「たるや飲食店」昭和三六年[29]
・柴田郡村田町「おおばや」昭和三六年[30]

秋田県横手市の「神谷焼そば店」は「横手やきそば」の元祖とされる。こちらもソース後がけをひとつの特徴としている。

・横手市「神谷焼そば店」昭和二八年／ソース後がけ[31]

青森県。五戸町の「川村食堂」、通称「ガリ盛」はソース後がけ。黒石市「美満寿」は、つゆ焼きそばの元祖とされる。津軽尾上に百年以上の歴史を持つ老舗食堂もあるが、いつからソース焼きそばを提供しているのか、時期が不明なため除外した。

・青森市「やきそば鈴木」昭和三六年[32]
・三戸郡五戸町「川村食堂」創業年不明／ソース後がけ
・黒石市「美満寿」昭和三〇年代後半[33]

岩手県には、ソース焼きそば伝播の目安となる、焼きそば専門店やお好み焼き屋の老舗を見つけられなかった。盛岡市に薄焼きが名物の「ささき商店」という屋台はあるのだが、そこはソース焼きそばを売っていないのだ。ただ、青森や秋田へ伝播する過程で必ず通過する地域なので、昭和三〇年代には伝わっていたとみてよいだろう。

東海地方：三〇年代前後には中京地域へ

北海道は最後に触れることにして、眼を西に転じてみよう。静岡・愛知・岐阜・三重の東海地方から。

関東地方や東海地方では駄菓子屋の存在が、焼きそばの普及に大きく関わっている。ただ、昭和二〇～三〇年代に限ると、駄菓子屋よりお好み焼き屋や食堂、焼きそば専門店での提供が主体だった。

静岡県。富士宮の「すぎ本」は、マルモ食品が富士宮やきそばで使われる独特の蒸し麺を

東海地方の焼きそば

静岡県富士宮市
すぎ本　お宮横町店

静岡県掛川市
小石屋

愛知県瀬戸市
大福屋

三重県四日市市
まるしん

岐阜県中津川市
五十番

岐阜県高山市
ちとせ

開発する前から営業していた。

・富士宮市「すぎ本」昭和二三年[34]
・浜松市「大石」昭和二四年[35]
・静岡市「松竹」昭和二九年[36]
・沼津市「火の車」昭和三〇年[37]
・富士市「さくらい焼そば店」昭和三二年[38]
・掛川市「小石屋」創業年不明／ソース後がけ[39]

愛知県。瀬戸市の専門店「福助」が昭和二七年に創業している。甘じょっぱい豚肉の煮汁を使った「瀬戸焼きそば」の元祖だ。熱田神宮の門前にも老舗焼きそば店が二軒あったのだが、開業年は特定できなかった。

・瀬戸市「福助」昭和二七年[40]
・一宮市「西村麺業」昭和三五年創業／ソース後がけ[41]
・一宮市「大脇」提供開始時期不明／ソース後がけ

岐阜県。郡上市の「まるみつ」は昭和五年創業だが、ソース焼きそばを提供開始した時期は不明。

・岐阜市「八千代」昭和二七年[42]
・中津川市「五十番」昭和三四年／ソース後がけ[43]
・高山市「ちとせ」昭和三五年[44]
・郡上市「まるみつ」提供開始時期不明／昭和五年創業[45]
・関市「丸長そば店　支店」提供開始時期不明／ソース後がけ

三重県。創業時期が不明な店ばかりだが、ソース後がけの焼きそばがいくつかある。例のチクロが認可される前のサッカリン時代、昭和三一年以前には伝播したと考えてよさそうだ。

・四日市市「まるしん」創業年不明／ソース後がけ
・四日市市「松原屋」創業年不明／ソース後がけ
・鳥羽市「大田食堂」創業年不明／ソース後がけ

甲信越・北陸地方：昭和三五年、新潟イタリアン誕生

昭和三〇年代に入ると、甲信越・北陸地方にもソース焼きそばを提供する店が現れ始める。山梨県は、富士宮マルモ食品の麺を使った「小林やきそば店」が、昭和三二年、南部町に創業した。

・南部町「小林やきそば店」昭和三二年[46]

長野県は、ソース焼きそばよりあんかけ焼きそばが普及している特殊な県だ。長野のあんかけ焼きそばは、大正一三年に長野市権堂で創業した「福昇亭」が発祥とされる。ａｂｎ長野朝日放送制作の番組では次のように語られている。

信州焼きそばの文化の源流となるのは、かつて長野市権堂にあった「福昇亭」。横浜で働いていたこの店の創業者・小松福平が長野市を訪れた際に、「信州で店を出したい」と移住し、大正13年に創業したのが始まりだった。時は昭和初期、山国長野では十分な海鮮食材を調達できなかったため、キノコや野菜をふんだんに使用した信州流の

甲信越・北陸地方の焼きそば

山梨県南巨摩郡南部町
小林やきそば店

長野県松本市
たけしや

新潟県新潟市
みかづき

富山県中新川郡立山町
渡辺焼きそば店

石川県小松市
清ちゃん

福井県敦賀市
敦賀コンパ

「あんかけ焼きそば」が誕生したという。その後、子ども達によって上田市に「日昌亭」「福昇亭」が開店し、上田にも「信州あんかけ焼きそば」が定着することとなった[47]。

そんな長野だが、松本にソース焼きそば専門店「たけしや」がある。また、ソース焼きそばの系統に含めてよいのか難しいが、伊那市の「ローメン」の老舗も挙げておこう。

・松本市「たけしや」昭和三〇年[48]
・伊那市「萬里」昭和三〇年[49]
・伊那市「うしお」昭和三二年[50]

新潟県。村上市「天茂」はソース後がけだが、提供開始時期が不明。地理的に近い山形県庄内地方から伝播した可能性もある。ソース焼きそばにミートソースをかけた新潟市「みかづき」の「イタリアン」発売開始が昭和三五年なので、遅くともこの時期には新潟へ伝播していたとみなせる。

・新潟市「みかづき」昭和三五年[51]

・村上市「天茂」提供開始時期不明／ソース後がけ

「イタリアン」について、少し掘り下げておこう。発祥の店、甘味処「みかづき」が店を構える新潟市古町では、明治一四年にイタリア料理店「イタリア軒」が創業している。[52] ホテルも兼ねた「イタリア軒」は、一説では日本で初めてミートソース・スパゲッティを提供した店とも言われている。初ではないとしても、他地域に比べれば早い時期から提供していたはずだ。

また昭和三四年は、キユーピーが日本で初めてミートソースの缶詰を発売した年であり、[53] 昭和三五年はイタリアのローマで夏季オリンピックが開催された年だ。あくまでも私の仮説だが、《日本で初めてミートソースが食べられた土地》、《ミートソースが普及する時期》、《五輪でのイタリアへの注目度アップ》という複合的な要因が重なって、《新潟市の古町で》《昭和三四〜三五年に》《イタリアンが》生まれたのではないかと推測している。

さらに遠く、山梨県に展開していた甘味チェーン「きねや」や、滋賀県長浜市「茶しん」、京都市「喫茶マリヤ」にも同様の品が「イタリアン」の名前で提供されている。影響力が大きかったソース焼きそばのアレンジとして、特筆しておきたい。

富山県で確認できた最も古い例は、立山町の「渡辺焼きそば店」で昭和三三年の創業。昭和二三年創業・富山市「ハッピー食堂」は、ソース焼きそばの提供開始時期が不明。富山市や高岡市などの都市部には、もっと以前に伝わっていた可能性もある。

・立山町「渡辺焼きそば店」昭和三三年[54]

石川県。金沢市には、めぼしい老舗が見つからず。小松市の「清ちゃん」が、昭和三四年に中華風の塩焼きそばを提供開始している。ソース焼きそばではないが、ソースを後がけする地元客もいたので、参考までに挙げておこう。

・小松市「清ちゃん」昭和三四年[55]

福井県。敦賀市にある「敦賀コンパ」というバーの創業者・水上実氏は、昭和一一年生まれ。高校卒業後に京都や大阪で働き、昭和三〇年に敦賀に戻って軽食堂を始めた。その際に焼きそばを提供し始めたという。昭和三六年に現在のバー業態に変わったが、地元産のかまぼこが入った焼きそばは、今でも「敦賀コンパ」の名物だ。[56][57]

・敦賀市「敦賀コンパ」昭和三〇年

近畿地方：戦後の関西で花開くコナモン文化

前述した通り、近畿地方には戦前からお好み焼きの店舗が存在していた。戦後は発祥地の東京を凌駕する勢いで、お好み焼きと焼きそばを始めとするコナモンの食文化が普及した。

大阪府。この章の冒頭で触れた通り、昭和一〇年代と思われる焼きそば証言が、天満天神の縁日で一件だけある。一方、固定店舗のお好み焼き屋は、昭和一二年創業の「以登家」が最古とされる。また、昭和一四年には古川ロッパが、「千どり」というお好み焼き屋を訪れている。

さらに、太麺と玉ネギ・豚肉を使ったソース後がけの「今里焼きそば」は、昭和二四年に「みゆき」と「松月」という二店が提供していたとされる。その品を、一九九五年に「長谷川」という店が復活させた。

・大阪市北区　天満天神の縁日屋台　昭和一〇年代[58]
・大阪市北区「以登家」昭和一二年[59]

・大阪市中央区「千どり」遅くとも昭和一四年[60]
・大阪市中央区「美津の」昭和二〇年[61]
・大阪市中央区「ぼてぢゅう」昭和二一年[62]
・大阪市東成区「今里焼きそば」昭和二四年／ソース後がけ[63][64]

京都府。関西では貴重な焼きそば専門店「おやじ」があるが、当初はお好み焼き店だった。京都の老舗のお好み焼きは、「マンボ焼き」や「べた焼き」など、重ね焼きが多い。

・京都市下京区「山本まんぼ」昭和二五年[65]
・京都市東山区「おやじ」昭和三二年[66]
・福知山市「神戸焼」昭和二五年[67]

兵庫県。前述した長田区「みずはら」は、現存する日本で最古のお好み焼き屋だ。それ以外にも「にくてん」の名残なのか、長田には古いお好み焼き屋が多い。基本的に重ね焼きだ。

・神戸市長田区「みずはら」昭和八年[68]

・神戸市長田区「志ば多」昭和二二年[69]
・神戸市長田区「青森」昭和三二年[70]

滋賀県。甲賀市「谷野製麺所」の「スヤキ」は、麺とモヤシとネギだけを味付けせずに炒め、客が自分でソースなどをかけるスタイルだ。東京のヤミ市で提供されていた焼きそばを彷彿とさせる。

・甲賀市「谷野製麺所」昭和二八年／ソース後がけ[71]

奈良県。地理的に昭和二〇年代には伝播していたと思われるが、その頃からの店は見つけられなかった。天理市「大隅商店」は京都南部で食べられている「マンボ焼き」の発祥を名乗る店だが、創業年不明。

・天理市「大隅商店」創業年不明

和歌山県。御坊市「やました」は焼きそばを玉子で綴じた「せち焼き」の元祖とされる。

近畿地方の焼きそば

大阪府大阪市
ぼてぢゅう総本店

大阪府大阪市
長谷川

京都府京都市
山本まんぼ

兵庫県神戸市
みずはら

滋賀県甲賀市
谷野製麺所

和歌山県御坊市
やました

ただ、奈良と同じく京阪神との地理的な近さを考えると、和歌山市辺りには、もっと早く伝播していたことだろう。

・御坊市「やました」昭和三〇年頃[72]

●この節の要約
・関東、東北、東海、甲信越・北陸、近畿の老舗を列挙した
・富士宮やきそばや横手やきそばなど、ご当地焼きそばの多くは昭和二〇年代から三〇年代に生まれた
・近畿では、発祥地の東京を凌駕する勢いで、お好み焼きや焼きそばなどのコナモンが普及した

第3節　鉄板台の上のホルモンとうどんの偶然の出会い

近畿地方から中国地方へ進む前に、「ホルモン焼うどん」について触れておきたい。

中国地方にはホルモンの鉄板焼きに、うどん玉や中華麺を混ぜた「ホルモン焼うどん」「ホルモン焼きそば」を名物としている店や地域が点在している。その食文化について、神戸市長田区がルーツなのでは、という試論を以下に述べる。

神戸市長田区の内臓食文化

神戸市長田区には、戦前から「にくてん」の店が多数あった。それと同時にこの地域では、戦前から内臓肉やすじ肉（腱）の食文化が普及していた。

神戸の獣肉食の歴史は古く、安政年間から干した牛肉を売り出していたという。日常的な屠畜・解体は、慶応二年に神戸へやってきた外国人によって始まった。[1] 明治四年には日本人による屠畜場が開設され、明治一六年、葺合村《ふきあい》へ移転する。[2]

牛などを食肉用に解体し、肉屋へ卸した後に残るスジ肉や内臓などの部位は、慣習的に屠畜に従事した者たちに所有権がある。それらを食す習慣が屠畜場の周辺地域に定着してゆく。明治三九年七月三日の『神戸新聞』には、内臓肉を煮込んだ煮売り屋がいたと記されている。

茲《こゝ》に両飲食店《りやういんしよくてん》の外《ほか》に一個《こ》の特色《とくしよく》ある牛《ぎう》の煮《に》賣屋《うりや》あり、こは新川《しんかは》唯《ゆゐ》一の牛屋《ぎうや》にて牛肉《ぎうにく》をも商《あきな》ふ、特色《とくしよく》とは煮込《にこみ》の材料《ざいれう》が牛《ぎう》の精肉《せいにく》に非《あら》ずして、悉《こと〴》く臓物《ざうぶつ》なるにあり（中略）

唯《たゞ》見《み》る新川式《しんかはしき》の粗末《そまつ》なる大鍋《おほなべ》に、臓物《ざうぶつ》を縦横無盡《じうおうむじん》に裁斷《さいだん》せし片々《きれぐ》を無雑作《むざふさ》に煮込《にこ》みて是《これ》を中皿《ちうざら》に盛《も》り一皿《さら》一錢《せん》にて客《きやく》に頒《わか》つものに候《そろ》[3]

大正八年、長田に市営の屠畜場「神戸屠場《とじょう》」が新設され、市内の屠畜場はそこへ一本化された。[4] この地でお馴染みの、牛すじ肉とコンニャクを煮込んだ「すじこん」も、その「神戸屠場」があったゆえに誕生した。

長田区に食肉を加工する神戸屠場（現・市中央卸売市場西部市場）ができたのは1919（大正8）年。廃棄することも多かったすじ肉を、おいしく食べる方法として考案されたのが「すじこん」だった。同市場によると、当時はすじ肉の商品価値は低く、地元の人に安価で販売することが多かったという。[5]

「すじこん」「すじ」は、長田のお好み焼き店でも日常的に使われている。焼きそばに「すじこん」を混ぜた「ぼっかけ焼きそば」を売りにする店もある。

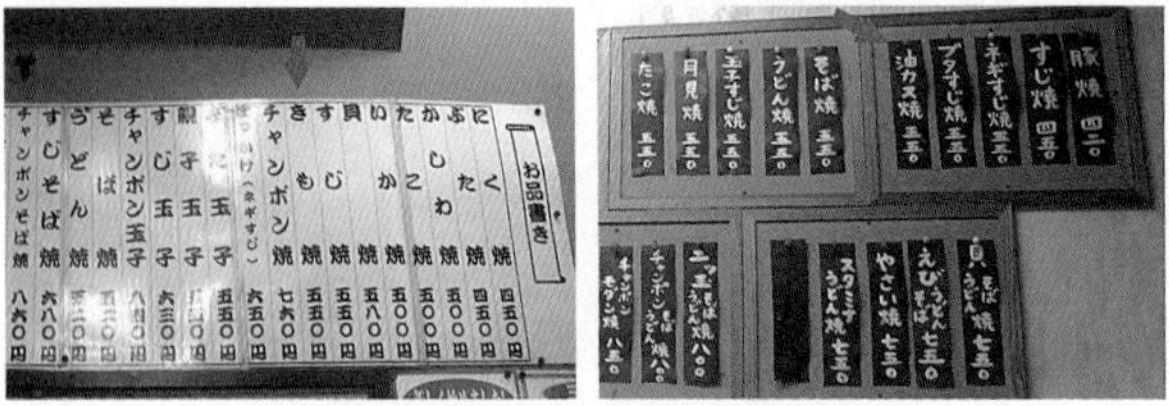

新長田区　お好み焼き店の内臓肉メニュー

お好み焼き店のホルモンメニュー

長田のお好み焼き店は、「すじこん」「すじ」だけでなく、内臓肉・ホルモンを置いている店も多い。例えば、昭和二二年創業の「志ば多」は「きも」（レバー）焼をメニューに載せている。また、昭和三二年創業の「青森」では、「油かす」焼を提供している。「油かす」とは、「テッチャン」（牛の大腸）から「ヘット」（牛脂）を抽出して残ったカリカリの肉で、大阪ではうどんの具にも使われる。そのほかに、「バサ」（牛の肺）や「ずり」（砂肝）を置いている店もある。

一方、昭和八年創業のお好み焼き店「みずはら」の場合、「すじ」はあるが、「油かす」や「きも」など内臓肉・ホルモンはメニューにない。不思議に思って三代目店主にうかがったところ、「うちでは昔から置いてないですね」という。

「油かすやホルモンは、もともと屠場の近隣の焼肉屋などで消費され、こっち（お好み焼き店）へは回ってこなかったんです。回ってくるのはせいぜいすじ肉くらいでした」

内臓食文化が定着している長田でも、当初は消費する部位と地域がリンクして、棲み分けがなされていた。時代が下ってお好み焼き店のホルモンの品揃えが増えたのは、戦後になって内臓肉が入手しやすくなったからだ。

内臓肉が入手しやすくなった理由について、滋賀県の屠畜場を丹念に取材した書籍『屠場文化』では、《戦後になって多くの在日韓国・朝鮮人が祖国へ帰り、内臓肉の需要が半減した》からだと説明している。

滋賀県内はもちろん、京都や大阪そして福井などからも内臓を買い付けにくる業者がいた。かつては、とりわけ韓国・朝鮮人の買い付け業者が頻繁にやってきた。

この屠場の、前の屠場ができてからは、商人が出入りするようになって、朝鮮の人がよう買いに来ますね。五、六人以上は来てましたわ。

電車で最寄りの駅までやって来て、駅から自転車で屠場に来ていた。買い付けた内臓を、「一斗罐で、二罐に入れて」帰っていった。内臓の部位の名称を朝鮮語で言われたときなどには少々とまどいはあったが、言葉はわからなくても、何となく話はつうじて商売は成り立った。

> 急に韓国人が半減したもんやさかいに、ほれで、売れんので困った時期もあったわ、いっとき。ほれから、ほんで、ホルモン屋やいう、ほんなんが、いろいろできかけてきて、ほで、また、内臓が足らんようになりかけたわけや。

戦後すぐから一九五〇年代にかけて、多くの韓国・朝鮮人が祖国に帰っていった。そのため、内臓の需要が半減したといわれている。[6]

長田も同じ理由で、戦後にホルモンが入手しやすくなりはじめたのでは、と私は推測している。（余談になるが「ホルモン」の語源が「放るもん」という説は、佐々木道雄著『焼肉の文化史』によって検証され否定されている）

そもそも、長田のお好み焼き店は気安い店が多い。神戸アーカイブ写真館という地元の団体が、二〇一五年に『西新開地（西神戸）物語』と題した冊子を出版した。その中で「そばめし」が生まれた経緯が紹介されている。少々長文になるが引用しよう。

［そばめし初体験のこと］

店に入ると大きな鉄板がデーンと据えてある。その鉄板の熱気と人いきれで暑かった。その三方に四足に丸い板を乗せた背もたれ無のイスが8脚くらいある。広さは20㎡くらいで狭かった。

昼休みに近所のゴム工場の貼り工さんやミシン工さんがお好みを食べにくる。うどん焼きやそば焼き、それにお好み焼きの中にそば焼きをミックスして焼いた「モダン焼き」もおかずになった。貼り工さんのお姉さんがアルマイトの弁当箱を開けたらごはんだけが入っていた。店のおばさんにこういった。「おばちゃん、ごはん焼きにして」おばちゃんは手慣れた手で弁当箱を裏返してごはんを鉄板に移した。それを素早くほぐし、一方で牛肉やキャベツを炒める。しばらくしてそれらを混ぜてソースをかけると、たちまちお好み焼き版の炒飯のできあがりだ。

しばらくしてまたその店に行った。この前と違う貼り工さんが同じことを言っている。ただ今回はごはんに中華そばを混ぜてくれと言っている点が異なる。はじめは別々に注文していたところが、それでは時間がもったいないし、そうすることで一度にそば焼きとごはん焼きが楽しめることに気付いたのである。「そばめし」誕生の瞬間である。このローカルフードをAなる店が自分のところが発祥の店と主張しているが、私が体験したように数多いあちこちの店で同時多発的に生まれたのではなかろうかと思っている。[7]

このように長田のお好み焼き店、「にくてん」屋は、地元客がご飯を持ってきて「そばと炒めて」とリクエストしたら、「そばめし」を作るくらいの鷹揚さがある。

もし客が「油かす」や「きも」などを入手し、持ってきたとしても、鉄板で炒めてくれたことだろう。入手しやすくなるにつれてそれが常態化し、お好み焼き店のホルモン系メニューが徐々に増えたのではと思われる。

鉄板＋ホルモン＋うどん玉

大阪の鶴橋ではホルモンを網で焼くのが一般的だ。それに対して長田では、ホルモンを鉄板で焼く調理法が、戦前、あるいは終戦直後から普及していた可能性が高いと私は考えている。

長田では、昭和二〇年頃に朝鮮料理店の「元祖平壌冷麺」が、網焼きではなく炒めたホルモンを、日本人客に提供していた実例がある。

平壌（ピョンヤン）から渡ってきた父の後を継ぎ、同店の一つを切り盛りする張元範（チャン・ウォンボン）さん（六三）が、まだ小学生だったころだ。

「ジューッ」と肉の焼ける音。自宅の台所で、元範さんのオモニ（母親）がキモやシンゾウをいためる。客席は自宅の居間。「うまい」と日本人客。余ったホルモンを冷麺のおまけとして出したのが評判になり、メニューに加えた。[8]

また、鉄板で肉を焼くといえば、神戸ビーフを使った鉄板焼ステーキの元祖として知られる「みその」は、神戸で創業した。今や有名な高級店だが、もともとは昭和二〇年、神戸市生田神社近くでのお好み焼き屋から始まっている。お好み焼き用の鉄板で肉を焼くという発想が、神戸という地域に潜在していたことの証左といえよう。

鉄板焼ステーキみそのの誕生は１９４５年。青年・藤岡重次は戦火で全てが焼け落ちた神戸の街で一枚の鉄板に夢を託します。戦前は神戸で喫茶店とコーヒー豆の卸しをしていた藤岡は、戦後、造船場で手に入れた鉄板を元にお好み焼き屋を開きました。これがみそのの始まりです。[9]

神戸市長田区は戦前から「にくてん」の店が多数あり、かつ内臓食の文化も根付いていた。戦前から「すじ」が、戦後には「油かす」や「きも」などのホルモンが、お好み焼きの具として日常的に使われてきた。長田のお好み焼き屋であまり見かけることはないが、「テッチャン」や「ミノ」「ハチノス」「センマイ」「赤セン」などの内臓肉・ホルモンも、食材があるなら調理してくれたことだろう。

ちなみにホルモンをお好み焼き用の鉄板で炒めるのは、浅草の染太郎でも行われていた。昭和二六年の『文藝春秋』で、坂口安吾が次のように書いている。

浅草の「染太郎」では、よく「ホルモン焼き」というものを食わせる。臓モツのツケ焼きである。私は牛のキンタマを食わされたこともあった。「染太郎」とは死んだ漫才屋さんの芸名。そのオカミサンのやってるオコノミ焼き屋で、浅草の芸人たち愛用の安直な店。

「今日の食べ物はホルモン焼ッきや」

オカミがこう云うと、

「ありがたい。シメタ」

一膝のりだして相好くずす芸人連。特に私の目にアリアリ残るのは淀橋太郎である。この男の飲みッぷり食いッぷりは人に食慾を感じさせる。ジュウ〳〵煙のあがる臓モツに大口をあいて噛みつく。ムシャぶりつく、挑みかかる、というような食い方をする。

そして、ウマイ！　というような嘆声を発する。しかし、こういう食い方は淀橋太郎人のものではなく、概してホルモン焼きに噛みかかる人たちが共通に示す食いッぷりのようでもある。焼きたてのアツイうちに、というような必然的な要求に応じているのかも知れん。[10]

なお、坂口安吾はホルモンが苦手だったようだ。お好み焼きに入れてみたが臭かったと言い、《特別な調味料で、特別な料理法があるのであろう》と語っている。

> 私はどうもホルモン焼きは苦手である。時には、うまいナ、と思う時もあるけれども、ムシャぶりかかるような食い方をすることができないのは、やっぱり本当に好きではないせいだ。つまり、物の味が分らん人間なのである。支那やフランスなどの料理の発達した国では、肉よりもモツの方が値が高いそうだ。牛の脳ミソやシッポなどは特に珍重される由。以前は脳ミソやシッポは牛肉屋がタダでくれたそうだが、高級フランス料理店が買い占めるようになって手にはいらなくなったと林達夫先生がこぼしていたものだ。
>
> そんなに珍味なのか、よし、やろう、というので、これをお好み焼きにしたことがある。臭い物だよ。特別な調味料で、特別な料理法があるのであろう。しかし、よろこん

兵庫県佐用郡佐用町　一力のホルモン焼うどん

で食った豪傑もいた。私はもう匂いだけで吐きそうになった。ホルモン焼きというのは染太郎のオカミサンが勝手にこしらえた言葉だと思っていた。彼女も漫才屋の内儀であり、こういうエゲツない私製の言葉を発案愛用するような性癖があるからである。

長田の場合は焼肉も身近だったので、味付けにはソースだけでなく、必要に応じて醤油や味噌がベースのタレも使われただろう。お好み焼きだけでなく、中華麺や、代用のうどん玉と炒めることも当然行われてきた。網焼きではできない、鉄板ならではの調理法だ。

以上の資料や証言を踏まえ、私は次のような結論に至った。

浅草で生まれた「ソース焼きそば」は、長田で「ホルモン」「うどん玉」と出会った。その食文化が出雲街道を伝い、肉牛の生産地である中国地方へと伝播して行く過程で、長田にはなかった多様な部位のホルモンが使われるようになった。兵庫県西端にある佐用町「一力」のような、鉄板焼の「ホルモン焼うどん」を名物とする店は、そのような経緯で生まれた。

・佐用郡佐用町「一力」昭和二六年[11]
・小野市「おの恋ホルモン焼きそば」昭和三〇年代[12]

右はあくまでも、私なりの仮説だ。この仮説に則り、「ホルモン焼うどん」の類は「ソース焼きそば」と同じ系譜に連なると解釈して、中国地方へと進みたい。

●この節の要約

・神戸市長田区では、戦前から「にくてん」と呼ばれるお好み焼き店が地域に根付いていた
・それと同時に、内臓食も定着しており、ホルモンを炒めて食べる事例もあった
・長田で「ホルモン」と「うどん玉」が結びつき、中国地方に「ホルモン焼うどん」が伝播したのではないか

第４節　全国の老舗焼きそば店・お好み焼き店（後篇）

前篇の近畿地方から続いて、中国地方の老舗を紹介していこう。

中国・四国地方：広島のそば入りお好み焼き文化

中国地方。まず岡山県。「津山ホルモンうどん」も、廃鶏と味噌だれを使った「ひるぜん焼きそば」も、前節のホルモン焼うどんに連なる料理だ。津山は彦根と並んで、江戸時代から獣肉を食す文化が形成されていた土地でもある。

・津山市「津山ホルモンうどん」昭和三二年頃[1]
・真庭市「ひるぜん焼そば」昭和三〇年代[2]

広島県は少し長くなるので後回しにして、山陰地方へ。

鳥取県。味噌だれを絡めて食べる鳥取市のホルモン焼きそば、「ホルそば」もホルモン焼うどんの系譜だ。

・鳥取市「ホルそば」昭和三〇年代[3]

島根県。出雲市「きんぐ」はソース後がけ。焼きそばの提供開始時期が明言されていないが、創業時としておく。

・出雲市「きんぐ」昭和三三年／ソース後がけ[4]

さて、いよいよ広島県だ。広島のお好み焼きは、焼きそば用の中華麺が入った重ね焼きで全国に知られている。その始まりはいつだろう?

広島のお好み焼きの歴史については、先にも参照した書籍『熱狂のお好み焼』がとても参考になる。広島に住む著者のシャオヘイ氏が県内のお好み焼き店を徹底的に食べ歩き、綿密な聞き取り調査を行った。それを系統立てて整理し、細かく分析してまとめたのが『熱狂のお好み焼』だ。

同書によると現在の広島で主流なのは、「みっちゃん総本店」の会長・井《い》畝《せ》満男《みつお》氏が考案

広島市　みっちゃん総本店のイカ天そば肉玉子ネギ掛け（2016年撮影）

したスタイル（広島スタンダードスタイル）である。井畝氏が中華麺を入れることを思いついたのが昭和三〇年で、広島スタンダードスタイルを確立したのは昭和三二年頃。ただし麺を焼かずに生地に重ねるスタイル（広島オールドスタイル）ならば、それ以前から存在していたようだ。

そもそも、お好み焼きの「天もの」が広島に伝わったのは、戦前にまで遡ることができる。一銭洋食の屋台が大正一〇年頃には存在し、その後、駄菓子屋などでも提供されるようになった。

シャオヘイ氏から個人的にうかがった見解では、「かさ増しのためにうどんや餅を一銭洋食に乗せるスタイルは、戦前からあったのではないか？」とのこと。しかしあくまでも想像に過ぎず、戦前に麺が使われたことを示す資料・証言はまだないそうだ。

現時点でお好み焼きに麺を入れたと明言できる例は、やはり戦後に限られており、『熱狂のお好み焼』では《麺を入れたことが分かっている最古の店》として、エキニシ（JR広島駅の西側に広がる飲み屋街）にあった昭和二三年創業の「天六」を紹介して

中国・四国地方の焼きそば

岡山県津山市
橋野食堂

岡山県真庭市
焼肉　いち福

鳥取県鳥取市
焼肉　りき

島根県出雲市
きんぐ

愛媛県松山市
かめそば　じゅん

高知県土佐清水市
ぺらやき　にしむら

いる。

この店が昔から麺を仕入れていたことが記録されていたのは、中国新聞「焼け跡からのお好み焼き」である。記事の中で店主の田辺ツルさんは「皮を敷いて野菜だけだったね。キャベツがないときはタマネギやホウレンソウも使うて。お客さんは、一日中ひっきりなし。キャベツがないときは、お好み焼きを出す店はあまりなかった。冷やご飯を持ってくる人がおったね。あのころ、お好み焼きを出す店はあまりなかった。焼き賃を追加して一緒に混ぜる。注文でそばを入れたりもしていた」と述べている。

キャベツにも事欠く時代に、注文があれば麺を入れることがあったと明記されている。[5]

お好み焼き屋とは別に、尾道ラーメンの老舗「朱華園」はソース後がけ焼きそばを提供している。焼きそばの提供開始時期は不明だが、屋台時代の創業年としておく。

・尾道市「朱華園」昭和二二年／ソース後がけ[6]
・広島市南区「天六」昭和二三年[7]

山口県。地理的に昭和二〇年代には伝播していたと思うが、当時創業の店が見つからず。下関・川棚温泉の茶そばを使った「瓦そば」も参考までに載せておく。なお、山口市には「バリそば」と呼ばれる揚げ麺にシャバシャバの餡《あん》をかけた中華系の麺料理があり、それを「焼きそば」と呼ぶ店もある。

・下関市「ひら田」昭和三二年[8]
・下関市「元祖瓦そばたかせ」昭和三七年[9]

瀬戸内海を挟んだ四国へ渡ろう。

まずうどん王国、香川県。鶏レバーの「きも焼き」など、廃鶏の各部位を入れたお好み焼きが普及している。残念ながら私は未食だ。

・高松市「ふみや」昭和二七年[10]

徳島県。甘く煮た「金時豆」や小海老のかき揚げ「天ぷら」を入れたお好み焼き、「豆玉」「天玉」「豆天玉」が普及している。こちらも私は未食だ。

・徳島市「はやしのお好み焼き」昭和二六年[11]

愛媛県。昭和二〇年代中頃、松山で「かめ」という食堂が独特な焼きそばを提供していた。常連から「かめそば」と呼ばれ、「じゅん」の店主・曽根潤氏が味を受け継いでいる。また、大洲市の「美ゆき」は麺とご飯を混ぜ炒めた「大洲ちゃんぽん」の名物店だ。

・松山市「かめ」昭和二〇年代中頃[12]
・大洲市「美ゆき」昭和二八年[13]

高知県。土佐清水市の「ぺらやき」は、混ぜ焼きのお好み焼きだ。

・高知市「はこべ本店」昭和三二年[14]
・土佐清水市「ぺらやき　にしむら」昭和三二年[15]

九州・沖縄地方：昭和三二年に想夫恋創業

福岡県北九州市小倉　だるま堂の天まど

私が知る限りだが、九州における、ソース焼きそばに関する最も古い証言は、「小倉発祥焼うどん」の元祖とされる「だるま堂」だ。まずは店内に貼られていた日本経済新聞の記事を引用しよう。

> 北九州市小倉北区の島町食堂街〔筆者注：原文ママ、正しくは「鳥町食道街」〕は昭和の面影を残す一角。その入り口の「だるま堂」こそが小倉・焼きうどん発祥の店である。
> 開店は終戦直後の昭和二十年。食糧難の時代に、焼きそばを作ろうと思い立つが、そば玉が手に入らず、干しうどんを代わりにしたのが始まりだ。（中略）
> 豚肉、キャベツ、玉ねぎを両手のヘラで手際良く炒（いた）める坂田さん。固めに茹（ゆ）でた麺が放り込まれ、ソースの香ばしいにおいに包まれるや、焼きうどん（四百六十円）の出来上がり。[16]

昭和二〇年の終戦直後に、だるま堂創業者はソース焼きそばを作ろうとしたが、そば玉が手に入らず、代わりに干しうどんを使って焼うどんを作った。つまり、戦前からソース焼きそばの存在を知っていたことになる。「戦前も戦後も店舗業態のお好み焼き屋は、ソース焼きそばの存在を知識として知っていた」と私が思うのは、この「だるま堂」が根拠のひとつになっている。

この日本経済新聞の記事も含め、ほとんど語られることはないが、「だるま堂」はもともと焼うどんだけでなく、お好み焼きも提供していた。現在はリニューアルしてしまったが、私が二〇一一年に訪問した当時は、店頭の看板の「焼うどんとお好み焼」の後半部分が白紙で隠されているのを確認できた。福岡県でお好み焼きというと、博多の「ふきや」を筆頭に、混ぜ焼きの店が主流だ。しかし、おそらく「だるま堂」は乗せ焼き、重ね焼きだった。なぜわかるのかというと、メニューにその時代の名残がある。だるま堂が「焼うどん」以外に唯一提供している「天まど」という品の作り方だ。

　小麦粉を水で溶いて薄く焼き、焼きうどんを乗せ卵を落とし、窓から見る月に見立てて名付けられた天まど（五百十円[16]）。

「天まど」は、水で小麦粉を溶いた生地を鉄板に薄く広げて焼いたものを土台にする。そこに完成された焼うどんを乗せて、玉子を落とすのだ。私も「天まど」を食べた時に、初めてその作り方を知った。土台のサイズはかなり小さいが、「天まど」は明らかにお好み焼きの「天もの」、一銭洋食をルーツとしている料理だ。長田の「みずはら」や「志ば多」と同じように、中華麺をうどんで代用し、それを炒めてお好み焼きに乗せたものだ。

「戦前も戦後も、店舗業態のお好み焼き屋はソース焼きそばの存在を知識として知っていた。たとえ普段は提供していなくても、もし中華麺が安く手に入れば提供した」。私がその結論に至った理由がおわかりいただけただろうか。だるま堂のメニューからお好み焼きが消えたのも、戦前の東京でソース焼きそばがあまりに人気なため、単独の屋台が現れた流れの再現といえる。乾麺だから廃棄も少なくて済んだことだろう。

なお、前掲の日本経済新聞の記事によると、私が訪問した当時の店主の坂田チヨノさん（二〇一九年一二月没）は、だるま堂の創業者から昭和二八年に店を引き継いだ。

カウンター六席の小さな店の主は、坂田チヨノさん。御年七十歳。昭和二十八年に先代から店を引き継いだ。[16]

別のテレビ番組での情報によると、だるま堂創業者は弁野勇次郎という方だった[17]。その創業者が戦中・戦前にもお好み焼き屋を営んでいたか、今となっては知る由もない。ただ、坂田チヨノさんは「終戦直後」「昭和二〇年九月」と強く仰られていたので、だるま堂としての創業時期に間違いはないだろう。昭和二〇年にだるま堂が創業した時点で、ソース焼きそばという食文化は小倉にまで伝わっていたことになる。

その他、福岡県で注目したいのは、田川市後藤寺にあった「復興食堂」通称「フッコー」と、宮若市にある「永楽」だ。「復興食堂」は中華麺とモヤシを炒めた「もやしそば」が名物だった。現在は「己城」という店が味を受け継いでいる。「永楽」はもともと直方市須崎町で営業していた塩焼きそば専門店。後からポン酢、柚子胡椒、醤油などをかける。どちらもソース後がけを謳っていないが、スタイルからするとソース後がけと同じ時代だろう。

・北九州市「だるま堂」昭和二〇年[16]
・田川市「復興食堂」提供開始時期不明[17]
・直方市「永楽」昭和二四年[18]

九州地方の焼きそば

福岡県田川市
己城

福岡県宮若市
永楽

大分県日田市
想夫恋

佐賀県唐津市
山口お好み屋

長崎県長崎市
くらた

熊本県熊本市
ちょぼ焼き末広

大分県。もちろん挙げるべきは、昭和三二年に日田市で創業した焼きそば専門店「想夫《そうふ》恋《れん》」だ。九州のソース焼きそば文化で、おそらく最も重要な役割を担ったのが「想夫恋」だと私は考えている。想夫恋の公式サイトで公開している漫画「想夫恋物語」には、次のような記述がある。

想夫恋焼〔筆者注：想夫恋独自の焼きそばを指す〕は先代角安親によって昭和32年に考案された50年以上の歴史のある焼きそばの元祖だ（中略）
当時焼きそばという言葉がない時代「麺を焼くから焼きそば」という先代の名付けが現在の「焼きそば」の由来になっているんだ[19]

最後の一文にある《当時焼きそばという言葉がない時代》という表現は、文脈的に創業者の言葉を元にしたものと推測される。大分県日田市や周辺地域では、昭和三二年当時、まだソース焼きそばが定着していなかったのだろう。その後、想夫恋は昭和四〇年代後半から九州北部を中心にチェーン展開を開始し、周辺地域にソース焼きそば文化を広めた。現在では東海・近畿・関東にまで出店している。

ほかに大分市の佐賀関には「うすやき」という一銭洋食に中華麺を挟んだものがある。

「リボン」という店は昭和五〇年頃の創業だ。[20] 発祥は昭和初期云々といわれているが特定できない。

・日田市「想夫恋」昭和三二年
・大分市「うすやき」発祥時期不明

佐賀県。唐津市厳木町にある「山口お好み屋」では、薄い生地と焼きそばを重ねたものを「文化焼」と呼んでいる。

・唐津市「山口お好み屋」昭和三四年[21]

長崎県へも昭和三〇年代には伝播していると思うが、当時創業のお好み焼き屋は見つけられなかった。長崎で安く腹を満たそうとした場合、ちゃんぽんという強力なライバルがいる。そのせいで、当時のお好み焼き屋は淘汰されてしまったと思われる。ちなみに昭和四〇年代前半に創業した「くらた」というお好み焼き屋では、ちゃんぽん麺を焼きそばに使っていて、お好み焼きは重ね焼きだった。店主さんのお話によると、それが長崎流らしい。

熊本県。熊本の「ちょぼ焼き」は、そば入りお好み焼きの一種だ。たこ焼きのルーツと言われる大阪のちょぼ焼きとは異なり、たくあんが入るなどの特徴がある。元祖の「福田流ちょぼ焼き」はなくなったが、後継店「ちょぼ焼き末広」が今も営業中だ。

・熊本市「福田流ちょぼ焼き」昭和二六年[22]

宮崎県。なんと長田から「にくてん」が伝播していた。

・宮崎市「にくてんの老舗かわさき」昭和二八年[23]

鹿児島県。鹿児島で「焼きそば」というと天文館の山形屋デパートが有名だが、あれは揚げ麺あんかけなので除外する。

・鹿児島市「加茂川」昭和二五年[24]

沖縄では、沖縄そばの麺をケチャップで炒めた焼きそばが食べられている。昭和四七年の沖縄返還より前、アメリカ統治時代からの習慣と思われるが、発祥時期は不明。昭和二〇〜三〇年代はアメリカ統治時代なので、ここでは挙げないでおく。

また奄美大島の「油そうめん」や沖縄の「ソーミンチャンプルー」など、そうめんを炒めた料理もここでは除外しておく。私が調べた限りでは、お好み焼きから派生したソース焼きそばとはまったくの別系統なのだ。紙幅の都合上、詳細は省くが、これについては別の機会に調査結果を紹介できればと思う。

北海道地方：ソース文化、不毛の大地

残る北海道だが、ありていに言ってしまうと、ソース文化不毛の地である。小樽や稚内をはじめとして、北海道は焼きそばといえば「ソース」より「あんかけ」が主流だ。

私が把握している範囲では、昭和二九年に創業した函館市「マルキン焼そば」が、北海道で最も古いソース焼きそばの事例だ。[25]

札幌市、大通の地下にあった「やきそば屋」（二〇二二年秋に別のビルへ移転）はソース後がけなのだが、昭和五一年創業で意外と新しい。[26]

お好み焼き屋は、昭和四二年に札幌で創業した「風月」が、北海道では最も早い出店とされている。札幌「風月」の創業者、二神敏郎氏は《当時、北海道ではまだお好み焼が何かも知られていない時代でした》と述べている。[27]

あとは帯広に「焼きラーメン」と呼ばれる焼きそばがある。あんかけと区別するために「焼きそば」ではなく、「焼きラーメン」とあえて名付けたのだろう。発祥については、ブログ『全国イイ味ハマル味』に、帯広の方から《昭和35から40年ごろに「エビス」という店がやっていた》というコメントが投稿されている。真偽は未確認だが貴重な情報なので、例外的に取り上げておきたい。なお、エビスの焼きラーメンは、いくつかの店を経由し、現在は「癒酒屋いこう」という店が味を継承している。

・函館市「マルキン焼そば」昭和二九年[25]
・帯広市「エビス」昭和三五〜四〇年[28]

なぜ、北海道ではソース味の焼きそばやお好み焼きの普及が遅かったのか。それは食糧難の時期でも、北海道ではソースやコナモンの需要がなかったからだ。

これまで述べてきたように、全国にコナモン文化が広まったのは戦後の二〇年代〜三〇年代だ。戦前に植民地から輸入していた米が途絶え、不作なども重なった食糧難の時代、小麦粉食が日本人のカロリーを支えた。三〇年代に入るとアメリカの余剰小麦粉が大量に輸入され始めた。それらの小麦粉で、最初は大人の代用食、後には子供たちのおやつとして、コナモン文化は拡散した。

　しかし、北海道は小麦はもちろんだが、トウモロコシやジャガイモなども豊富にある。現在でも、カロリーベースの都道府県別食料自給率でいうと、ほとんどの地域が一〇〇％を割っているのに対して、北海道は二〇〇％前後、全国一位だ[29]。他地域で食糧難でも、北海道では小麦粉に頼らずに済んだ。わざわざお好み焼きや焼きそばを作らなくても、食糧には事欠かなかった。

　またソースについても、他地域に比べて北海道は需要が高くなかった。戦争末期から戦後にかけて、味噌や醤油が政府に統制されていた時代に、それらの代用品という役割も担って、ソースは市場を拡大した。しかし、味噌も醤油も、昭和初期までは各家庭で作るのが当たり前だった。

　例えばキッコーマン国際食文化研究センターが刊行している研究機関誌『FOOD CULTURE No.26』の、「郷土料理からみた醤油の地域特性」という記事では、《地方の古い味噌・醤油会社は、大正から昭和初期に本格的に開業したところが多い》と述べられている[30]。つまり、それまでは各家庭で作るしかなかった。昭和二〇年代なら、もちろんそのノウ

北海道地方の焼きそば

北海道函館市
マルキン焼そば

北海道札幌市
やきそば屋

北海道札幌市
風月

北海道帯広市
癒酒屋いこう

ハウも残っている。

また、私の知り合いには、今でも毎年味噌を仕込んでいる農家がいる。彼の住む地域ではごく当たり前の習慣だそうだ。

戦中・戦後でも、大豆や小麦、麹・もろみなどの原料さえ揃えば、味噌や醤油は家庭で作ることができた。そして北海道には食糧難の時代でも、その原料があり、味噌も醤油も自家製できた。つまり、ソースを購入してまで使う必然性がなかった。

そのような背景があって、北海道にはコナモン文化が広まらなかった。東北も似た状況にあり、ソースの消費量は少ない。かつては東北・北海道にチキンソースやワニソースという地ソースもあったのだが、残念ながら姿を消してしまった。

●この節の要約
・『熱狂のお好み焼』によると、広島でお好み焼きに麺を入れた最古の事例は昭和二三年
・小倉・だるま堂の焼うどんは、焼きそばに使う中華麺をうどんで代用した事例のひとつ
・北海道ではソースやコナモンの需要がなかったため、ソース焼きそばやお好み焼きの普及が遅れた

第5節　ソース焼きそばはいかにして広まったか

長々と各地の焼きそば屋・お好み焼き屋を挙げ連ねてきたが、いよいよ総括に入ろう。

ソース焼きそば普及の年代俯瞰

これまで都道府県ごとに、一〇〇軒余りの焼きそば屋・お好み焼き屋を箇条書きで表記し

た。そのうち、創業年あるいは焼きそば提供開始時期が判明しているのは約九〇店。それらを日本地図に配置し、年代順に表示させていけば、焼きそばが伝播する様子が俯瞰できるはずだ。

「ソース焼きそばは戦後に広まった」。そんな言説がこれまで漠然と語られてきたが、どのように広まったのかはまったく語られてこなかった。前章第2節で、戦後の日本の食糧事情を時系列に沿って詳述したが、それと照らし合わせると、ソース焼きそばが普及する過程が見えてくる。

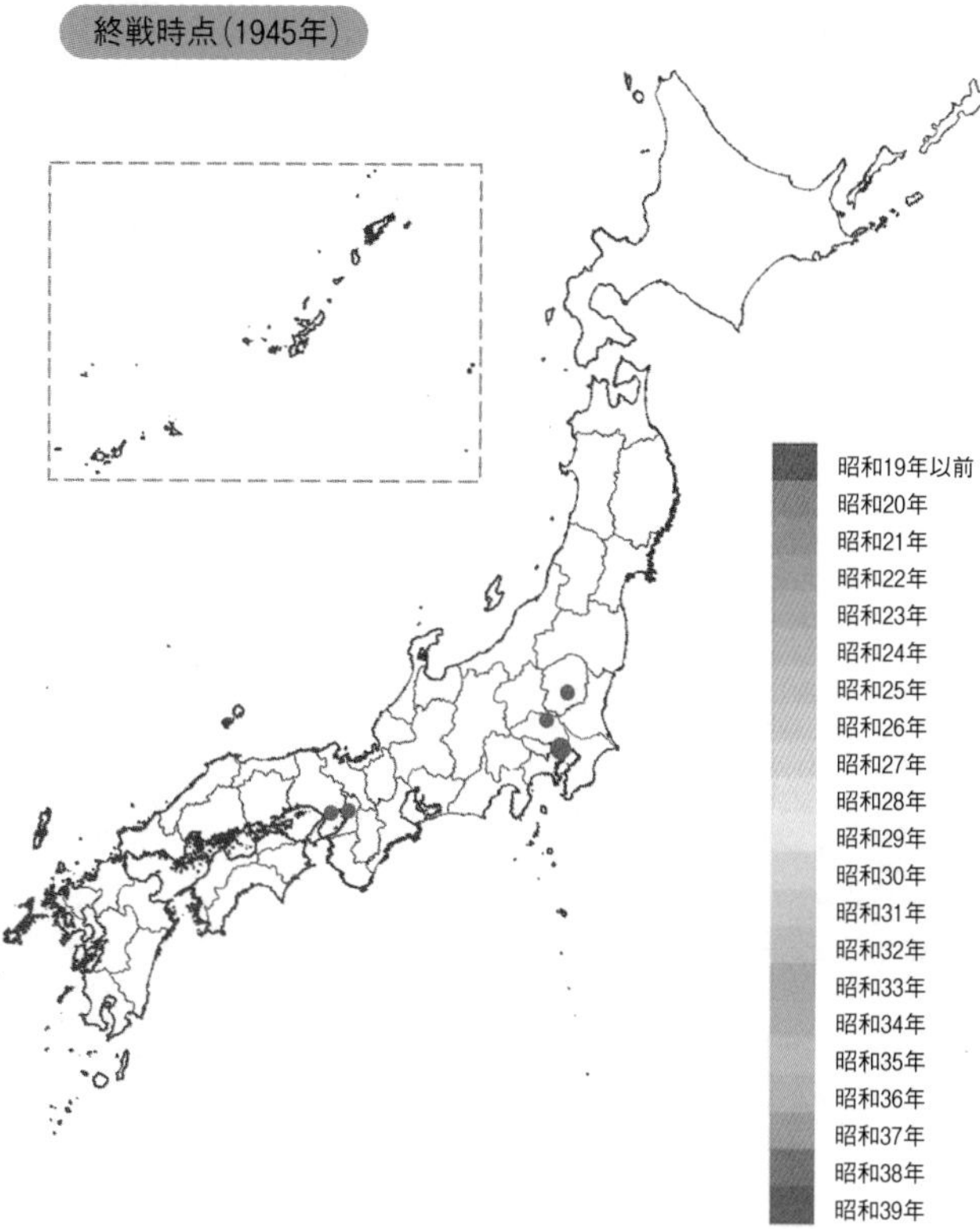

まず昭和二〇年の終戦時点。東京以外は埼玉と栃木、大阪と神戸のみ。宇都宮の焼そば屋と大阪における天満天神の縁日屋台を除けば、戦前から営業していた店舗業態のお好み焼き屋ばかり。何度も言うように、ソース焼きそばを提供していなくても知識としては知っていたはずだ。一銭洋食・洋食焼き・どんどん焼きの屋台は他所にもあったろうが、店舗だとこんなものだろう。

昭和24年（1949年）

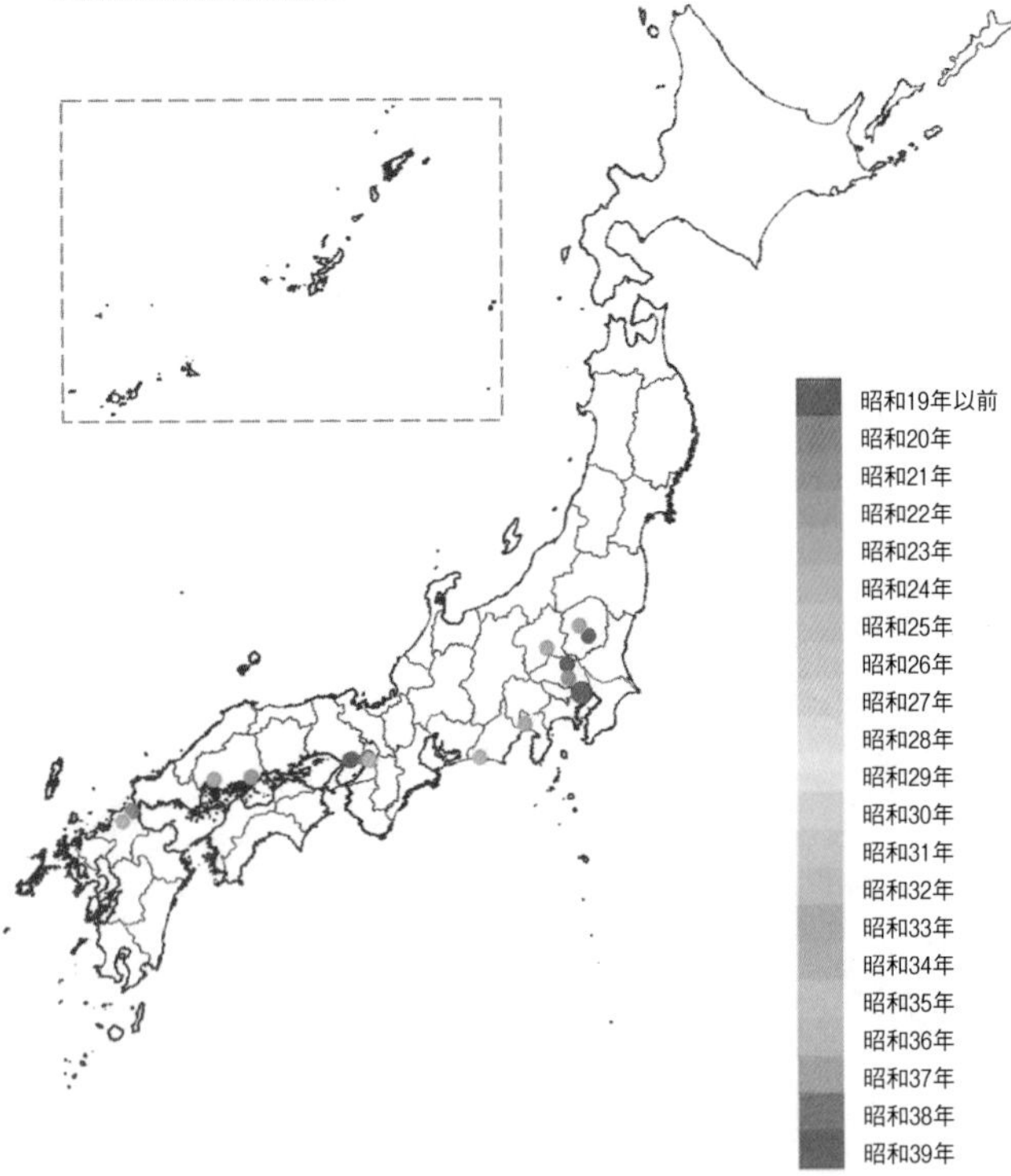

戦争が終わって四年後の昭和二四年。まだ、アメリカからの小麦輸入は限定的だった時代だ。昭和二一年にサッカリンとズルチンの食品添加が許可され、昭和二三〜二四年頃からはソースメーカー各社が濃厚ソースを発売しはじめる。

東日本は関東と静岡など、東京から地理的に近い地域へ伝播している。西日本は近畿と広島・小倉など、人口の多い大都市にポツポツと広まっている。蒸し麺が手に入りにくい地域では、うどん玉や茹で中華麺が代用された。

昭和29年（1954年）

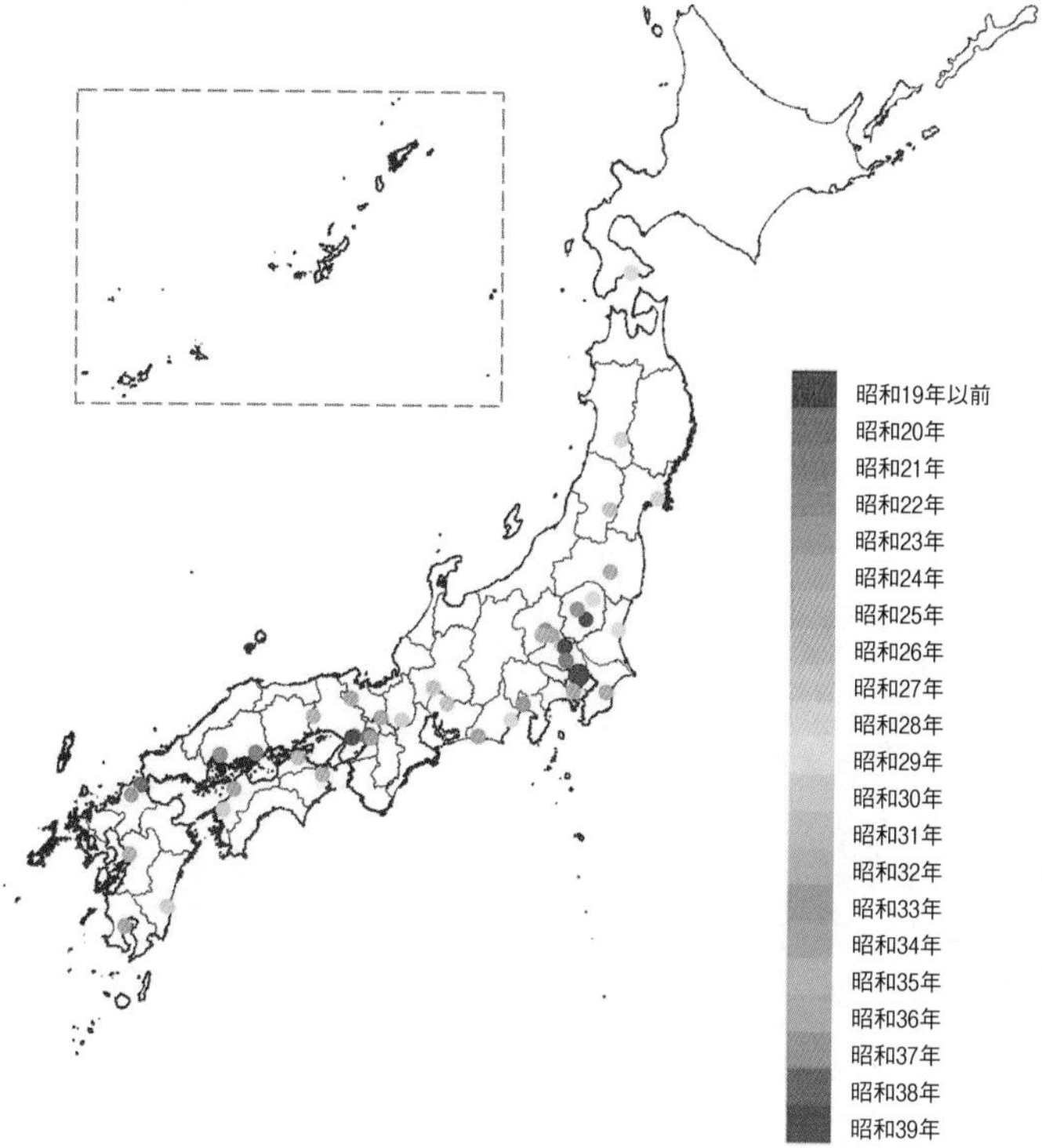

昭和二九年。昭和二五年の朝鮮戦争勃発もあり、アメリカからの小麦輸入量が急増した時代だ。戦前に外地から輸入していた米を上回る量の小麦を輸入して、ようやく食糧危機を乗り越えた。

北は北海道の函館、南は九州の鹿児島まで、太平洋側と瀬戸内に面した都市を中心に範囲を拡大している。「横手やきそば」や「石巻やきそば」、「瀬戸やきそば」など、ご当地焼きそばも登場している。

昭和34年（1959年）

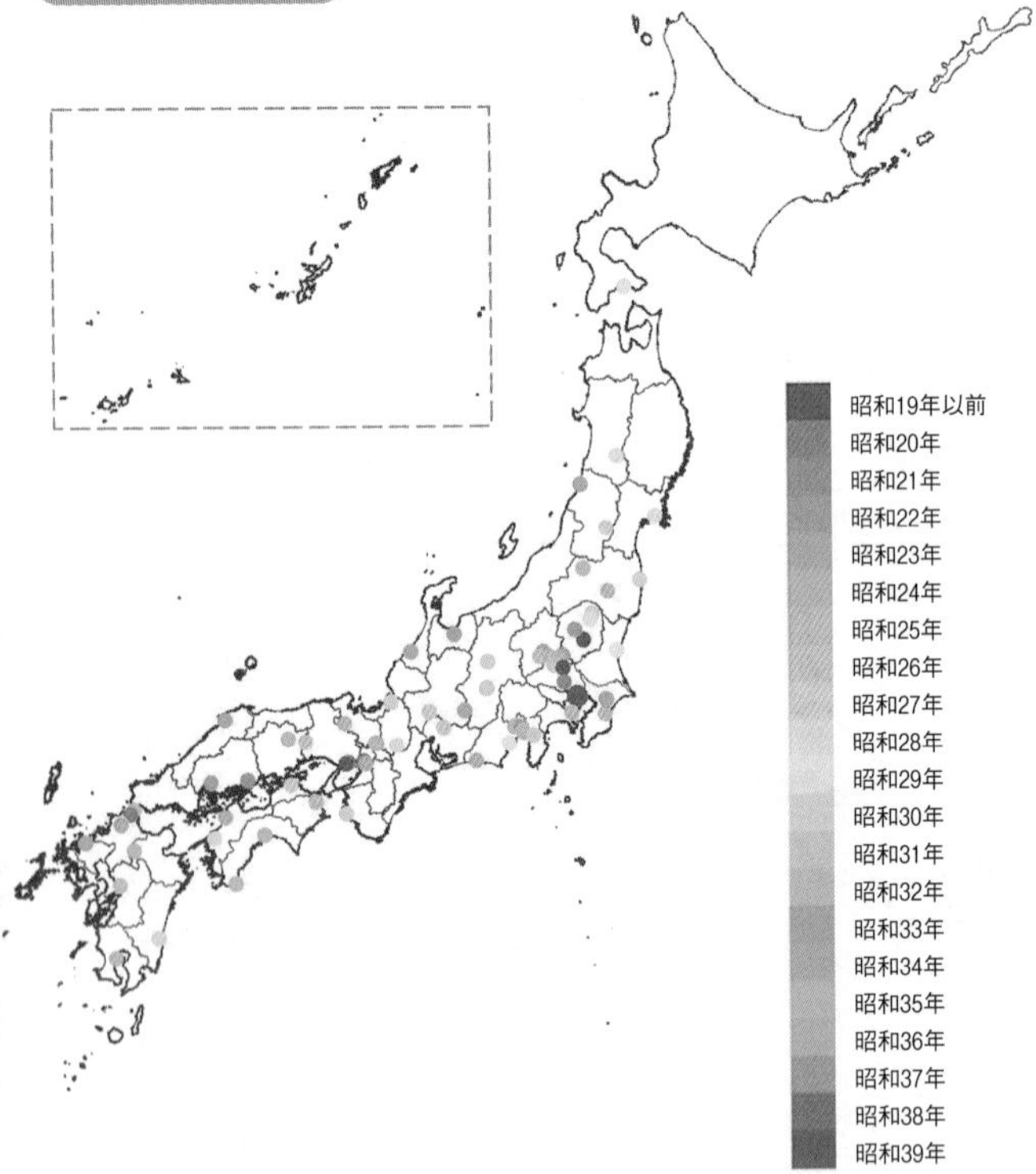

昭和三四年。昭和三〇年からアメリカの余剰小麦を日本が大量に受け入れ始めた。それによって、都市部だけでなく農村でも、米食に対する小麦粉食の割合が増加してゆく。

山間部や日本海側、高知など、大都市圏から離れた地域へも普及してきた。「津山ホルモンうどん」など鉄板ホルモン系も中国地方に伝わっている。点のない都道府県の方が、明らかに少ない。

昭和39年（1964年）

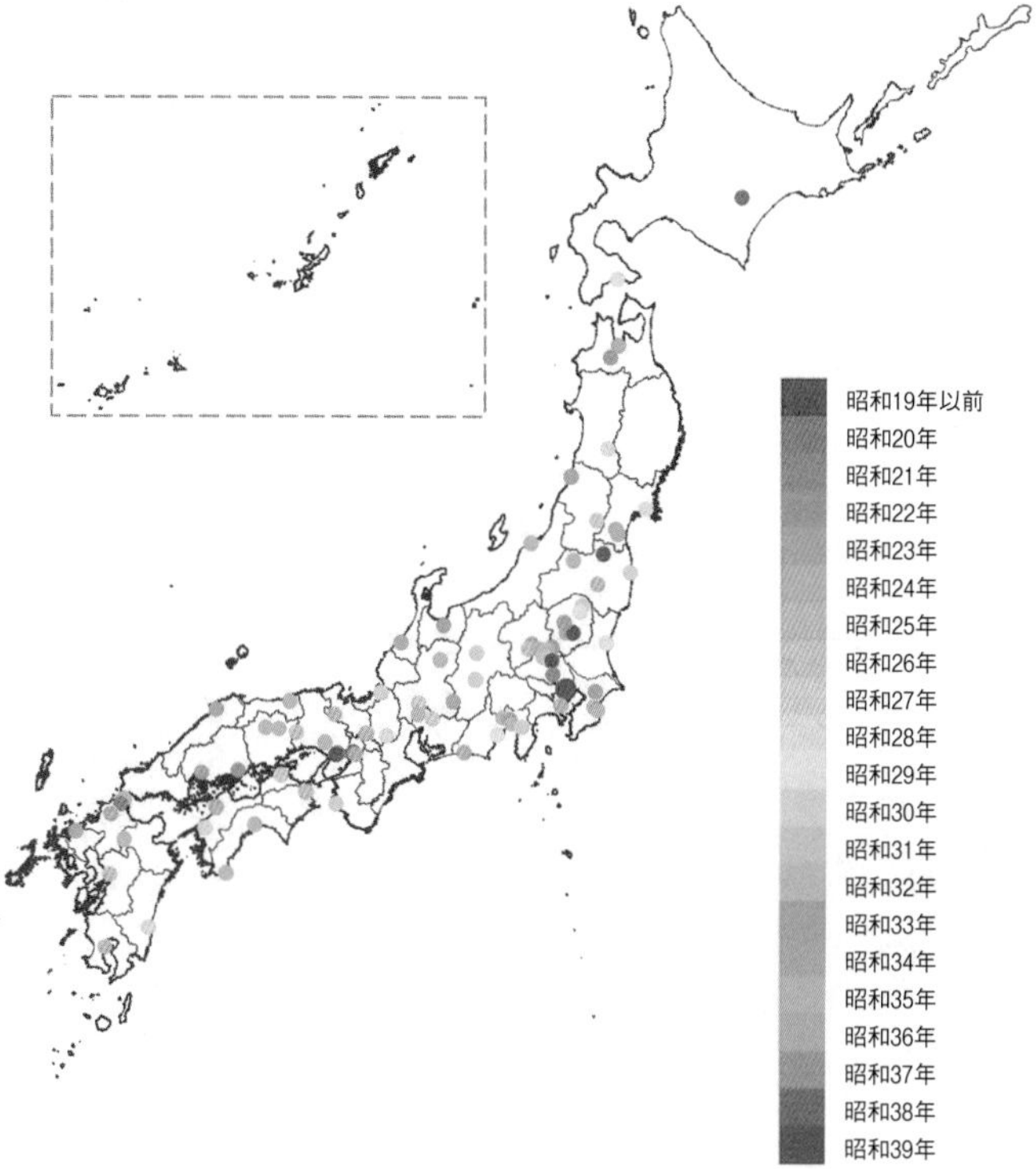

昭和三九年。小麦粉食の普及は進む。

青森や新潟、鳥取などへも、焼きそば屋、あるいはお好み焼き屋・鉄板ホルモン系が出店を果たした。北海道や岩手、返還前の沖縄など、ごく一部の地域を除いて、コナモン文化が行き渡った。

焼きそばはあるが、
お好み焼きはない

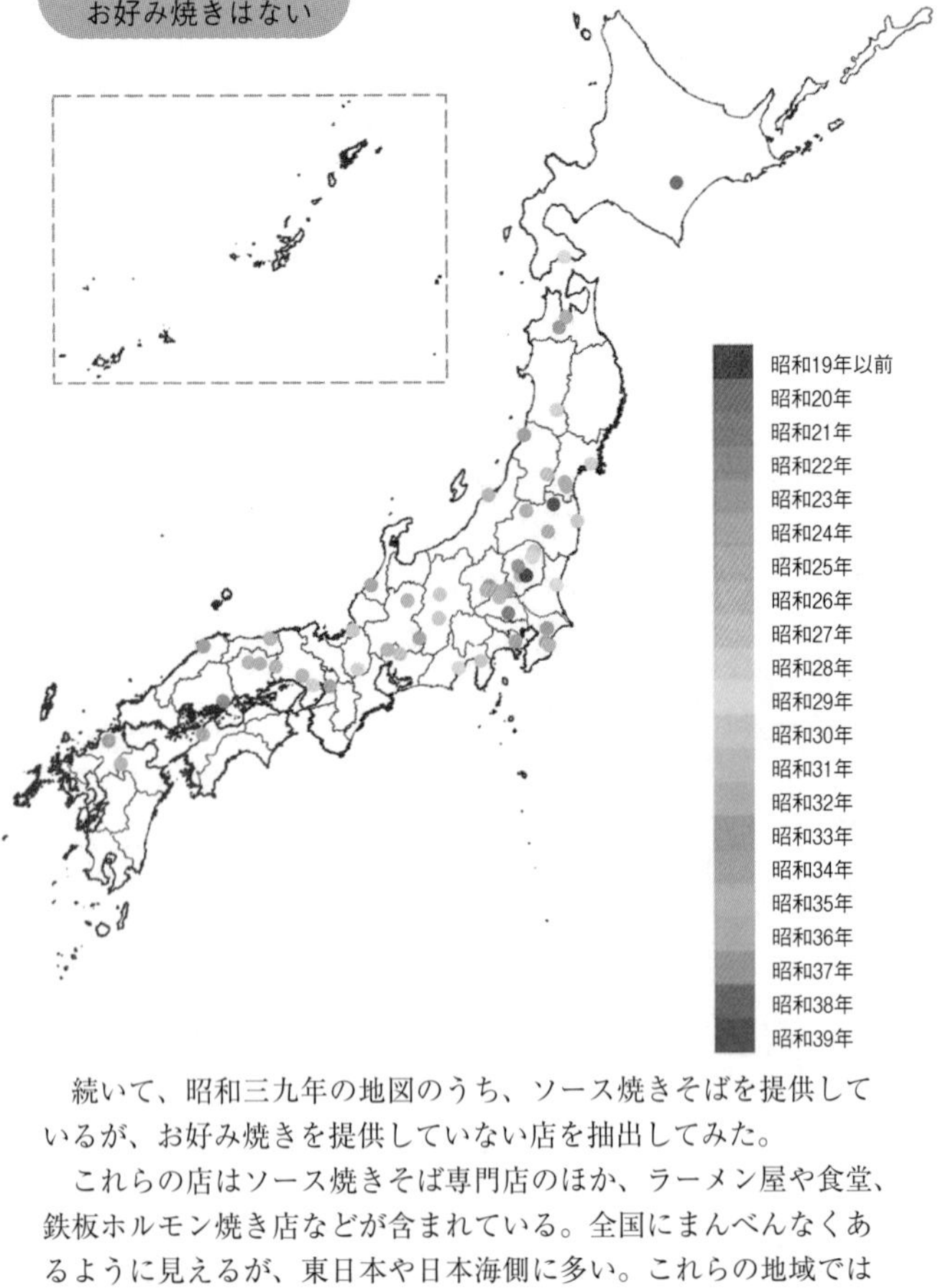

続いて、昭和三九年の地図のうち、ソース焼きそばを提供しているが、お好み焼きを提供していない店を抽出してみた。

これらの店はソース焼きそば専門店のほか、ラーメン屋や食堂、鉄板ホルモン焼き店などが含まれている。全国にまんべんなくあるように見えるが、東日本や日本海側に多い。これらの地域ではラーメン屋や食堂を通じて、ラーメンやギョウザと一緒に提供される形で、ソース焼きそばが普及した。

焼き餃子は大陸からの帰還者によって広まった食べ物だ。ラーメンやホルモン焼きの提供も、その多くは大陸からの帰還者が担っていた。「戦後、大陸からの帰還者がソース焼きそばを作った」という言説は、これらの店の影響かと思われる。

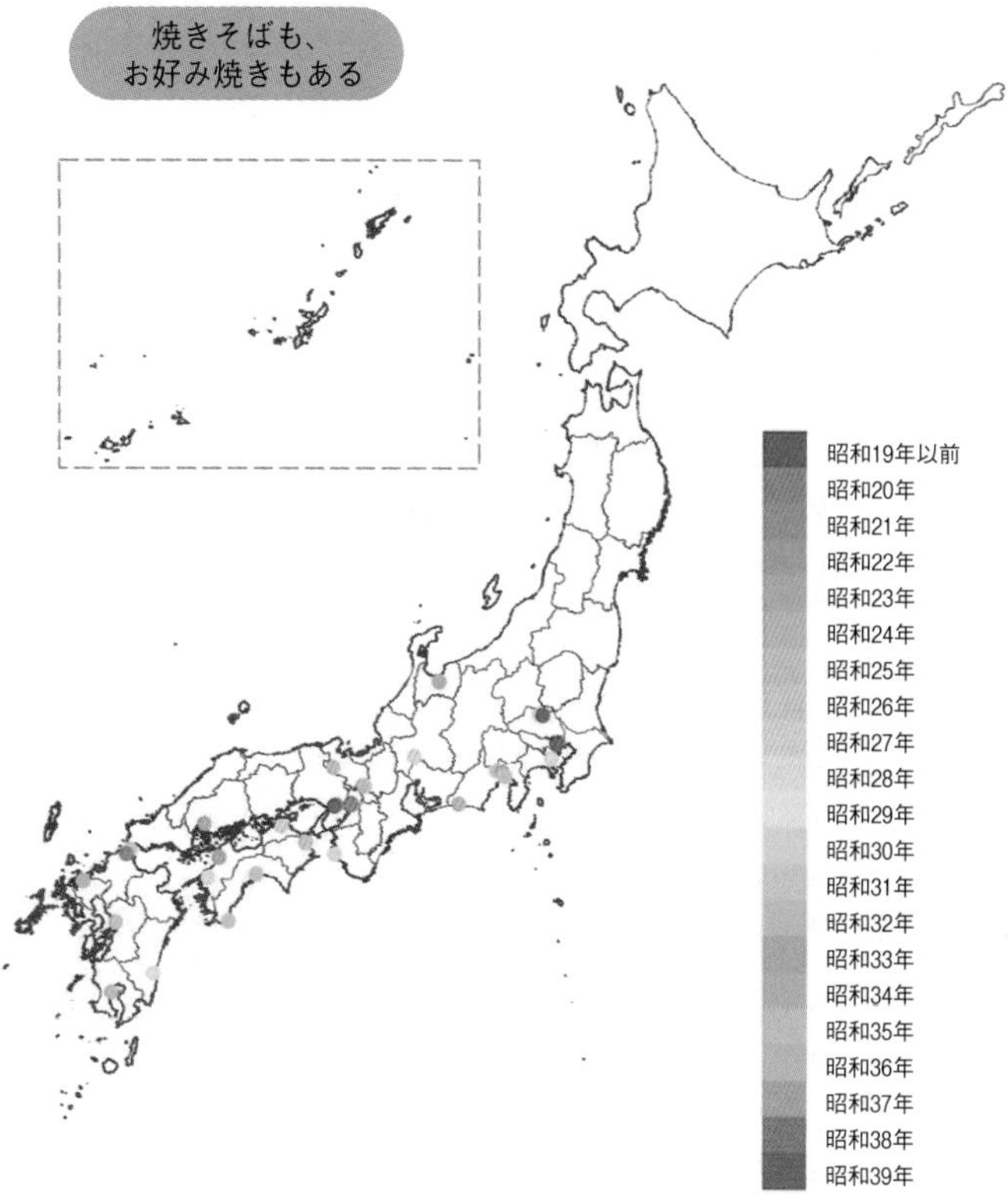

そして昭和三九年の地図から、ソース焼きそばもお好み焼きも提供している店、店舗業態のお好み焼きの老舗を抽出してみた。これは明らかに西日本に偏っている。「西日本こそお好み焼きの本場」と思わせるのに充分な偏りだ。

お好み焼きの「天もの」は、東日本へも戦前から伝播していた。しかし、埼玉の「フライ」、茨城の「たらし」、山形の「どんどん焼き」、盛岡の「うす焼き」など、「お好み焼き」という名前ではなかった。そのうえ、ほとんどはソース焼きそばを提供しない「天もの」だけの屋台だった。

お好み焼きの店舗業態が、東京を除く東日本へ伝播したのは、戦後もだいぶ経ってからだ。前述した通り、北海道では昭和四二年創業の「風月」が最初である。また、東北最大の都市・仙台では、昭和四五年創業「栄ちゃん」が最初とされている。

西日本でソース焼きそばが提供される場は、専門店でもラーメン屋でも食堂でもなく、お好み焼き屋が主体だった。しかも西日本がお好み焼きの本場と認識していたのなら、「ソース焼きそばは戦後の大阪で生まれた」と誤認するのも無理からぬことだ。

ソース焼きそば戦後発祥説は、このような背景から生まれたものである。

浅草がルーツという名残も……

地方には、ソース焼きそばや蒸し麺をまったく独自に考案したと主張する団体・飲食店・業者もある。しかし、ここまでに述べたように、蒸し麺を使ったソース焼きそばは、戦前から間違いなく存在していた。独自起源説は、ルーツの記憶が断絶して後世に上書きされてしまったとみなすべきだ。

「出征先で食べた炒麺を参考に……」というエピソードも、一部の中華系焼きそばならともかく、ソース焼きそばの発祥エピソードとしては採用できない。ソース焼きそばとお好み焼きの密接な関係なくしては、青のり・紅生姜などの説明がつかない。

一方で、浅草がソース焼きそばのルーツであることを示す事例もある。茨城県ひたちなか市の「那珂湊焼きそば大学院」は、公式サイトで発祥を次のように書いている。

> 1954年に渡辺栄寿（故人）が現在のわたなべ製麺所を創業しました。栄寿翁はとても物見遊山が好きな人で、突然ふらーっと出かけて行っては見聞を広げてくるのを楽しみとする人でした。50年以上昔のある時、いつものように物見遊山に行った浅草の盛り場で、当時すでに普通に売られ、食べられていたソースで焼いた焼きそばに出会いました。栄寿翁はそれにひじょうに興味を持ち、浅草に何度も足を運び、その焼きそば用の麺の製造法や調理の仕方を興味津々で勉強してきたそうです。
>
> 　その後、地元の飲食店の方々と試行錯誤を重ねながら現在の源であります、焼きそばができあがったものであります。[1]

愛知県瀬戸市の「瀬戸焼そば」も、浅草がルーツだと明らかにしている。二〇一四年九月に地元向けのタウン誌『アサヒトセト』で、「瀬戸焼そばでまちおこし」と題した巻頭特集が組まれた。瀬戸焼そばアカデミーにも取材したその記事では、次のように紹介されている。

ルーツは、昭和27（1952）年まで遡ります。深川神社参道の宮前地下街にあった「福助」の初代店主が東京浅草の門前町で見掛けた焼きそばをヒントに開発。昭和30年代前半にかけて宮前地下街を中心に広がりました。[2]

埼玉県深谷市の製麺会社「岡本製麺」の超ロングセラー商品、「浅草生まれの鉄板焼きそば」通称「浅草焼きそば」は、そのものズバリの名前だ。深谷市内にある老舗焼きそば専門店「ぽてとや」で長年使われている麺でもあり、ソース焼きそばが浅草から伝播したことを示している。

第1章第1節で紹介した、《年配の中国人の料理人の中にはソース焼きそばを浅草焼きそばと呼ぶ人もいる[3]》という証言も、ソース焼きそばが浅草で生まれたことを示す痕跡のひとつだろう。

この章で取り上げた全国の焼きそば店は、主に店舗業態だ。もちろん店舗ではなく、露店や縁日を経てソース焼きそばが伝播した地域もあっただろう。ただ、店舗中心に見渡しただけでも、浅草で生まれ、戦後のヤミ市で復活したソース焼きそばが、昭和三〇年代の終わりには全国ほとんどの地域にまで拡散していたことを、おわかりいただけたと思う。

食糧難の時代でも、比較的手に入りやすかった小麦粉とソース、わずかな野菜で作ることができたヤミ市の人気者「ソース焼きそば」は、昭和二〇年代から三〇年代にかけ、全国各地で重宝され、日本中で親しまれる料理のひとつとなった。

以上、ソース焼きそばの発祥から日本全国へ拡散するまでの歴史を、私なりに詳らかにできた。ソース焼きそばの歴史は、もちろんこの後から現代まで続いている。昭和四〇年以降に加熱する家庭向け焼きそば商品発売や、平成のご当地焼きそばブーム、最近の焼きそば専門店増加など、トピックも多い。しかし、ソース焼きそばがいつ、どこで誕生し、どのように伝播したのかという「謎」は、これで解明できた。

ソース焼きそばは一〇〇年以上の歴史を持つ、日本が誇るべき伝統的な食文化のひとつである。その認識が広く共有されることを願っている。

そしてあなたが次にソース焼きそばを食べるとき、この本の内容を多少なりとも思い出して、これまでと違う味わいを感じたのなら、筆者としてはこれより嬉しいことはない。

●この節の要約

・戦後の日本の食糧事情の変化に伴い、ソース焼きそばが日本全国へ段階的に伝播した
・「大陸からの帰還者が作った」「戦後の大阪で生まれた」という俗説には、それなりの背景があった
・ソース焼きそばが浅草で生まれたことを示す事例もいくつか残っている

あとがき

広く普及している料理の発祥を見極めるのは、なかなかに難しい行為である。

誰かしらが元祖を主張する。先代から伝えられたという経緯と年代に、ある程度の納得感があれば、マスコミはそのまま紹介する。一般大衆は「へー、そうなのか」と深く追求せずに受け容れる。

近代に発祥した料理の多くは、そのようにして誕生までの物語が作られ、通説として定着した。しかし、それら通説の多くは客観性に乏しく、疑わしいものも多い。真実へ近づくには、通説の矛盾を指摘する必要がある。

「その料理は、もっと前から他所で存在していた」

「その年代のその場所では、ありえない食材や調理法だった」

そんな反論の根拠となる証言や証拠を集め、矛盾がなさそうな仮説を立て、さらにその仮説を補強する証拠を探す。

その過程はミステリの謎解きに似ている。

電子書籍『焼きそばの歴史』の物理的な出版を打診してくださったのが、あの早川書房だったことは、私にとってちょっとした驚きだった。読んだ量こそ少ないけれど、推理小説もSF小説も好きなので「ハヤカワ」の名はもちろん知っていた。しかしまさか、自分の本が出るとは夢にも思わなかった。しかもソース焼きそばの歴史本だとは。

　編集を担当された一ノ瀬翔太氏から初めてご連絡をいただいたのが、二〇二一年八月一三日。ブログ『焼きそば名店探訪録』を開設して、ちょうど一〇年目を迎える前日だった。

　今回の新書版への改訂に際して、一ノ瀬氏からは改題を提案された。『ソース焼きそばの謎』。いかにも早川書房らしいタイトルで、私は気に入っている。原稿を手直しする際も、なるべくミステリ仕立てになるよう意識してみたが、うまくできたかは分からない。

　ところで電子書籍『焼きそばの歴史』は上下巻で構成されており、本書の内容はその上巻に当たる。下巻では、戦前の支那料理店で提供されていた「炒麺《ヤキソバ》」や、長崎名物の「皿うどん」を扱っている。それがソース焼きそば以上に謎まみれでスリリングな存在なのだ。もし本書が好評なら、そのうち続篇として「炒麺」や「皿うどん」の謎解明もお披露目できるかもしれない。その日を楽しみにしている。

ソース焼きそば年表

和暦	西暦	ソース焼きそばに関連する出来事	歴史的な出来事
明治27年	1894年		日清戦争（～1895年）
明治28年	1895年		下関条約で台湾割譲
明治30年代		東京下町でお好み焼きが誕生	
明治32年	1899年		内地雑居開始
明治36年	1903年	千束町で「デンキヤホール」創業	第五回内国勧業博覧会
明治37年	1904年		日露戦争（～1905年）
明治40年前後		東京に支那そば屋台が現れる	
明治40年	1907年	東武鉄道が館林まで延伸	
明治41年	1908年	千束町で「中華楼」創業	
明治43年	1910年	浅草で「来々軒」創業	
明治44年	1911年		関税自主権の完全回復
大正3年	1914年	浅草周辺で支那そば屋台用の機械製麺	第一次世界大戦（～1918年）
大正初期		浅草周辺でソース焼きそばが誕生	
大正7年	1918年	お好み焼き屋台にシューマイ	米騒動

大正12年	1923年		関東大震災
昭和3年	1928年	清川で「大釜本店」創業	
昭和8年	1933年	神戸長田で「みずはら」創業	
昭和10年前後		東京下町でソース焼きそば屋台が流行	
昭和12年	1937年	田島町で「染太郎」創業	日中戦争（〜1945年）
昭和16年	1941年	戦時下体制が進み、焼きそばが姿を消す	太平洋戦争（〜1945年）
昭和20年	1945年	北九州小倉で「だるま堂」創業	終戦
昭和21年	1946年	サッカリン、ズルチンの食品添加許可	
昭和23年	1948年	浅草ひょうたん池でソース焼きそば復活	
昭和25年	1950年	民間での小麦輸入再開	朝鮮戦争（〜1953年）
昭和30年代		ソース焼きそばが全国に普及	
昭和30年	1955年	アメリカから余剰小麦の大量輸入開始	高度経済成長（〜1973年）
昭和38年	1963年	「日清焼そば」販売開始	
昭和39年	1964年		東京オリンピック
昭和45年	1970年		大阪万博
昭和49年	1974年	「エビスカップ焼そば」販売開始	
昭和50年	1975年	「マルちゃん焼そば三人前」販売開始	

参考文献

プロローグ　昭和一一年の焼きそばマニュアル
1．増田太次郎『素人でも必ず失敗しない露天商売開業案内』一〇九～一一二頁（一九三六、康業社出版部）
2．池波正太郎『むかしの味』六三頁（一九八八、新潮社）「老夫婦が、男の子の孫を連れ、夜店ではたらいているのだが、以前は洋食屋をしていただけあって、やきそばにブイヨンをつかったりするし、牛天やエビ天のようなポピュラーなものでも、他の屋台とは全く味がちがっていた」
3．森義利・沼田陽一『幻景の東京下町　森義利の「少々昔の図絵」より』一二五頁（一九八九、日本放送出版協会）「脂でぎとぎとになったところにソースをジューッとぶっかけてから、麺を新聞紙の切った上に乗せて出す。子どもは箸ではなく串一本で食べていました」
第1章　ソース焼きそばの源流へ
第1節　謎の多いソース焼きそばの起源
1．小菅桂子『にっぽん洋食物語大全』一八四頁（二〇一七、筑摩書房（一九九四、講談社の再版））
2．岡田哲：編・著『たべもの起源事典』八四頁（二〇〇三、東京堂出版）

3. 奥村彪生：著、安藤百福：監修『麵の歴史ラーメンはどこから来たか』巻末の年表（二〇一七、一九九八年の著書の改題・加筆文庫化、ＫＡＤＯＫＡＷＡ）
4. 奥村彪生『日本めん食文化の一三〇〇年』三七二頁（二〇〇九、農山漁村文化協会）
5. 藤中義治：監修　河野信夫ほか：編集『ヤキソバロジー』三六頁（一九九三、オタフクソース）
6. 日本経済新聞　平成一四年五月二五日夕刊「麵とソース絶妙な調和」
7. マジックランプ：編・著『日本全国ローカルフード紀行』三三頁（二〇〇四、六耀社）
8. 『全国縦断名物焼そばの本』二頁（二〇〇八、旭屋出版）
9. dancyu　一九九二年九月号八三頁（一九九二、プレジデント社）
10. Wikipedia「焼きそば」（二〇一一年八月五日）、https://ja.wikipedia.org/w/index.php?title=%E7%8≤%BC%E3%81%8D%E3%81%9D%E3%81%B0&oldid=38665283
11. 澁川祐子「なぜか「ソース」で炒める日本の焼きそば」（二〇一二、JB PRESS）、https://jbpress.ismedia.jp/articles/-/35388（二〇二二年一二月一九日確認）

第2節　近代食文化研究会『お好み焼きの物語』

1. 朝日新聞社編『明治大正史 第四巻 世相篇』七二頁（一九三一、朝日新聞社）
2. 近代食文化研究会『お好み焼きの物語』二八頁（二〇一九、新紀元社）
3. 近代食文化研究会『お好み焼きの物語』一二五頁
4. 読売新聞　大正七年三月二四日　朝刊四面「蝦フライ一銭のどん〳〵焼」（一九一八）

5. 池波正太郎『むかしの味』六〇頁（一九八八、新潮社）
6. 『染太郎の世界』四頁（一九八三、かのう書房）
7. 『婦人生活　昭和二八年三月号』間とき「楽しいお好み焼」四四二～四四三頁（一九五三、婦人生活社）
8. 近代食文化研究会『お好み焼きの物語』一八二～一八三頁
9. 近代食文化研究会『お好み焼きの物語』一九三頁
10. 近代食文化研究会『お好み焼きの物語』二四三頁
11. 石角春之助『浅草経済学』二七一頁（一九三三、文人社）
12. 『近代庶民生活誌18　下町』四八〇～四八一頁（一九九八、三一書房）
13. 近代食文化研究会『お好み焼きの物語』二五七頁

第3節　戦前から続く浅草の老舗焼きそば、三軒

1. 昭和三九年七月一日刊『文藝春秋　第四二巻第七号』所収　高見順「死について語る楽しみ」七四頁（一九六四、文藝春秋）
2. 『文藝』昭和一四年二月号所収　高見順『如何なる星の下に』九六頁（一九三九、改造社）
3. 『染太郎の世界』四頁（一九八三、かのう書房）
4. 『染太郎の世界』一二〇頁
5. 野一色幹夫『夢のあとさき』二七二～二八二頁（一九九一、潮流社）

6. 『三〇年のあゆみ』二頁（一九九六、山谷労働センター）
7. 底辺の会『ドヤ――山谷を中心に――』四三頁（一九六一、三一書房）
8. 永渓早陽『東京から　最近実査』二〇頁（一九二二、東海堂書店）
9. 『職業別電話名簿 第二四版』二二七〇頁（一九三四、日本商工通信社）
10. 知久桟雲峡雨『記者探訪　裏面の東京』二二三頁（一九一三、山形屋書店）
11. 知久桟雲峡雨『記者探訪　裏面の東京』二二八頁
12. 『近代庶民生活誌18　下町』四八〇頁（一九九八、三一書房）
13. 石角春之助『浅草経済学』三一八頁（一九三三、文人社）
14. 石角春之助『浅草経済学』二二六頁
15. 野一色幹夫『夢のあとさき』二七三頁
16. 二〇一〇年頃のデンキヤホールのパンフレットより
17. dancyu 特別編集『ソース焼きそばの本』六〇頁（二〇〇九、プレジデント社）

第2章　ソース焼きそばの発祥に迫る

第1節　大正七年のソース焼きそば思考実験

1. 小菅桂子『にっぽんラーメン物語』六一頁（一九八七、駸々堂出版）
2. 中山時子：訳『中国名菜譜〈南方編〉』二四七頁（一九七三、柴田書店）
3. 平山蘆江『東京おぼえ帳』所収「名物そばと鮨」三五五～三五六頁（一九五三、住吉書店）

4. 永井荷風『荷風随筆』所収「巷の声」二八三〜二八四頁（一九三三、中央公論社）
5. 大正元年一一月『新潮』所収　島崎藤村『出発』（一九一二、新潮社、引用は青空文庫より）
6. 『経済時報　大正二年一一月号』所収　豚尾漢「商売百種　南京蕎麦屋」五一頁（一九一三、経済時報社）
7. 朝日新聞　大正二年四月九日朝刊五面「銀座界隈10　輪転機の響く頃」（一九一三）
8. 江戸川乱歩『貼雑年譜』六九頁（一九八九、講談社）
9. 『雄弁　第一一巻第三号』所収　室生犀星「蒼白き巣窟」（一九二〇、講談社、引用は青空文庫より）
10. 山本政敏『裸一貫生活法』一〇五〜一〇六頁（一九二六、東京作新社）
11. 『新公論　八月号』所収「実験百生活　支那蕎麦行商の記」一一六〜一一三頁（一九一四、講談社）
12. 刈部山本『東京ラーメン系譜学』八〇頁（二〇一九、辰巳出版）「ラーメンショップは、月々に売上の何%を本部に払うとかじゃなくて、本部から材料を買う仕入れ代に含まれてるんですよ。本部から仕入れる代わりにラーメンショップの看板が掲げられる、という感じなんじゃないでしょうかね」
13. 石角春之助『浅草経済学』二六八〜二六九頁（一九三三、文人社）
14. 復刻『江戸と東京　第三冊』所収『江戸と東京　昭和一三年　新年号』三二頁（一九九一、明石書店）
15. 『新小説　第一七年　第四巻』所収「千束町の印象」九七〜一〇一頁（一九一二、春陽堂）
16. 小菅桂子『にっぽんラーメン物語』四九頁（一九八七、駸々堂出版）
17. 『パンの明治百年史』二三五頁（一九七〇、パンの明治百年史刊行会）

18. 週刊朝日編『値段史年表』（一九八八）によれば、小麦粉一〇キロ当たり、明治四〇年で一円二〇銭、大正六年で一円四八銭。一〇年で二三％の価格上昇。
19. 読売新聞　大正七年三月二四日　朝刊四面「蝦フライ一銭のどん〳〵焼」（一九一八）
20. 近代食文化研究会『お好み焼きの物語』二〇九頁（二〇一九、新紀元社）
21. デンキヤホール公式サイト「ゆであずき」について、https://www.denkiya-hall.jp/menu/%E7%94%98%E5%91%B3-%E3%83%A1%E3%83%8B%E3%83%A5%E3%83%BC/（二〇二二年一二月一九日確認）
22. 石角春之助『浅草経済学』二二六頁
23. 渋沢青花『浅草っ子』五八頁（一九六六、毎日新聞社）
24. 野一色幹夫『夢のあとさき』二七三頁（一九九一、潮流社）
25. 野一色幹夫『浅草』二四〇頁（一九五三、富士書房）

第2節　明治四〇年の小麦粉事情

1. 『明治工業史　第八　機械篇』二〇二頁（一九三〇、日本工学会）
2. 『明治工業史　第八　機械篇』二〇九頁
3. 中尾節蔵『実用農産製造学』五九頁（一九〇三、興文社）
4. 『日本ニ於ケル小麦需要供給一斑』一五頁（一九〇七、農商務省農務局）
5. 『パンの明治百年史』一七八頁
6. 『明治工業史　第八　機械篇』二二四頁

7. 読売新聞 平成二五年六月一五日群馬版「館林の小麦粉 名産の歴史」「江戸時代には、全国諸藩の大名は正月をはじめ暑中や寒中などに将軍家へさまざまな献上品を毎年贈っていた。松平清武が館林城主だった一七二二年（享保七年）に、幕府から季節の献上品は「国中の土産に限るべし」とのお達しがあり、これ以後、館林藩では三月が甘藷（かんしょ）、六月が饂飩粉（うどんこ）、一二月が冬葱（ねぎ）と定められた」

8. 『日清製粉株式会社史』四四頁（一九五五、日清製粉株式会社社史編纂委員会）

9. 『日清製粉株式会社史』五八頁

10. 東京スカイツリー公式サイト「計画地の歴史」、https://www.tokyo-solamachi.jp/skytreetown/history/（二〇二二年一二月一九日確認）

11. 『帝国製粉業鑑』四九頁（一九一三、小麦粉新報社）

12. 『日清製粉株式会社史』六三頁

13. 日本製粉公式サイト「ニップンの歴史1873～1895」、https://www.nippn.co.jp/company/history/（二〇二二年一二月一九日確認）

14. 『日清製粉株式会社史』六五頁

15. 『帝国製粉業鑑』三九頁

16. 『帝国製粉業鑑』統三七（一九一三、小麦粉新報社）

17. 朝日新聞　明治三一年六月一四日　東京朝刊八面広告（一八九〇）

18. 『第五回内国勧業博覧会受賞名鑑』九三頁、一五五頁、五八七頁（一九〇三、受賞名鑑出版部）

19. 『第五回内国勧業博覧会審査報告　第一部巻之九〜一一』七五頁（一九〇四、第五回内国勧業博覧会事務局編）
20. 朝日新聞　明治三六年八月一二日　東京朝刊八面広告（一九〇三）
21. 朝日新聞　明治四三年九月一一日　東京朝刊六面広告（一九一〇）
22. 中山安太：編『東京模範商工品録』八五頁（一九〇七、東京模範商工品録編纂所）
23. 『支那経済全書　第十一輯』三九四〜四〇三頁（一九〇八、東亜同文会編纂局）
24. 満鉄調査資料　第二五編「小麦及麦粉の需給上より見たる日本と満洲」二一一〜二二五頁（一九二三、南満洲鉄道庶務部調査課）

第3節　昭和一〇年前後のソース焼きそば

1. 『アサヒグラフ』昭和六年一月七日号　四〜五頁（一九三一、朝日新聞社）
2. 池波正太郎『むかしの味』五九〜六〇頁（一九八八、新潮社）
3. 池波正太郎『むかしの味』六三頁
4. サトウハチロー『僕の東京地図』六三頁（一九三六、ネット武蔵野）
5. 昭和一一年一一月四日 読売新聞夕刊「新版　士族の商法・出納簿」（一九三六）
6. このみひかる『なぞなぞ下町少年記』五〇〜五一頁（一九八九、筑摩書房）
7. サトウハチロー『僕の東京地図』六七頁
8. 篠康太郎『昭和激動期の浅草っ子物語』三〇〜三一頁（二〇一二、東洋出版）

9. 竹中労『鞍馬天狗のおじさんは』一四～一六頁（二〇一六、七ツ森書館）
10. 『日本薬報　第十年十六号』二四～二五頁「街頭で見た夏場の飲食物」（一九三四、日本薬報社）
11. 森義利・沼田陽一『幻景の東京下町　森義利の「少々昔の図絵」より』一二五頁（一九八九、日本放送出版協会）
12. 岡本眸『栞ひも』所収「焼きそば」七八～七九頁（二〇〇七、角川学芸出版）
13. 三遊亭金馬『金馬のお総菜噺』一八〇～一八一頁（一九八六、文化出版局）
14. 『染太郎の世界』一六二～一六五頁（一九八三、かのう書房）
15. 『染太郎の世界』一一〇～一一三頁
16. 朝日新聞　昭和八年九月一一日　朝刊九面「醤油使用のインチキもの」（一九三三）
17. 『ブルドックソース55年史』一四頁（一九八一、ブルドックソース社史編集委員会）

第3章　戦後ヤミ市のソース焼きそば

第1節　ヤミ市のたいへんな人気者

1. 松平誠『ヤミ市　幻のガイドブック』一〇頁（一九九五、筑摩書房）
2. 松平誠『ヤミ市　幻のガイドブック』一〇五頁
3. 磯ヶ谷紫江『浅草界隈風物』一五～一六頁（一九四八、紫香會）
4. 森義利・沼田陽一『幻景の東京下町　森義利の「少々昔の図絵」より』一二五頁（一九八九、日本放送出版協会）

5.『アサヒグラフ』昭和二三年七月二八日号　一二～一三頁（一九四八、朝日新聞社）
6. 加太こうじ『食いたい放題　東の味　西の味』（一九七四、立風書房）
7. 添田知道『てきや（香具師）の生活』二五五頁（一九八一、雄山閣出版）
8.『ヤミ市模型の調査と展示』九三頁（一九九四、東京都江戸東京博物館）
9.『獅子文六作品集第一巻　自由学校・楽天公子』一二二～一二三頁（一九五二、文藝春秋新社）
10.『若い広場　昭和三〇年一一月号』二八～二九頁「多磨全生園を訪ねて」（一九五五、若い広場社）
11. 正岡容『艶色落語講談鑑賞』昭和二七年一二月（一九五二、あまとりあ社、引用は青空文庫より）
12. 猪野健治『東京闇市興亡史』八四頁（一九七八、草風社）

第2節　昭和二〇年代の小麦粉事情

1. 科学技術庁『昭和五五年版　科学技術白書』（一九八〇、文部科学省、引用は公式サイトより、以下『昭和五五年版　科学技術白書』）「一九四五年（昭和二〇年）の農業は、夏の冷害に秋の水害、肥料不足といった悪条件が重なって大凶作となり、また戦後の混乱により農民の食糧供出意欲は低下し、量的不足をもたらしたため、配給量の引下げ、遅配、欠配と不足状態は深刻化し、国民は食糧入手に奔走した」
2. 大蔵省財政史室：編『昭和財政史―終戦から講和まで　第三巻　アメリカの対日占領政策』二六九～二七三頁「アメリカの援助政策」（一九七六、東洋経済新聞社、以下『昭和財政史　第三巻』）「戦前の日本は恒常的な食糧輸入国であり、全需要の約二〇％を植民地、外国から移入していたのであるが、戦争中の農地疲弊と、一九四五年初秋の悪天候によって、米の収穫見込は前年の八割以下に低下し、引揚げ、復員等による人口増をかかえて、翌年の春ごろから深刻な飢餓が発生するものと懸念されていた」

3.『成城大学経済研究一九五号』浅井良夫「戦後為替管理の成立」九三〜一四〇頁（二〇一二、成城大学）「一九四五年九月二二日の「降伏後における米国の初期の対日方針」にもとづいて、GHQ／SCAP（連合国軍最高司令官総司令部、以下、SCAPと略す）は、日本人による外国為替取引を原則禁止する三件の指令を出した。これらの指令にもとづいて、「大蔵省令第八八号」が一〇月一五日に制定された。こうして、すべての外国為替・外国貿易取引はSCAPの管理下に置かれることとなった」

4.『昭和財政史　第三巻』二七五頁「ワシントンが日本の食料供給に冷淡であったのは、一九四五〜四六年の世界食糧需給が極めて悪く、連合国や解放地域においてすら飢餓の切迫が伝えられ、配分にあたっていた「連合国食料機構」は殺到する食糧援助の要請に忙殺されていたからでもあった」

5.『昭和財政史　第三巻』二七六頁

6.『昭和五五年版　科学技術白書』「一九四六年度（昭和二一年度）の国民一人当たり供給カロリーは、（中略）一四八八カロリーで、戦前の一九三九年度（昭和一四年度）に比較し七〇％弱、現在（昭和五三年度）と比較すると六〇％弱であった。しかもその内容をみると米の割合は低下し、いも類等の代用品の割合が高まり、粗悪な内容となっていた。また、家計に占める食費の割合も高く、一九四六年（昭和二一年）の都市全世帯エンゲル係数は六六・七％であった」

7. 『昭和財政史　第三巻』一七七頁「誤算の原因は、単に統計誤差と言うよりも「食糧危機は生産よりも配分の問題である」とマクマホン・ボールが指摘したように、農家の隠匿米が予想以上に多く、それがヤミ市場を通じて消費者へ流出したことにあった。実際に日本政府の栄養調査によると、一九四五年一二月の東京市民の摂取量一九七一カロリーのうち、配給分五五％に対しヤミが四〇％を占めていたのである」

8. 『昭和財政史　第三巻』一七七頁「「食料危機」は逐次緩和されながらも、一九四七年、一九四八年とつづいた。輸入食糧は毎年の政府操作量の二〇％前後を占め、ほとんど全部がガリオア予算によるアメリカからの供給であった」

9. 『昭和財政史　第三巻』一七七〜一七九頁「良質の穀物や蛋白質は少なく、小麦、小麦粉のほかは、日本人の食生活になじみの薄かったトウモロコシ、大麦、大豆粉、脱脂ミルク、砂糖、乾燥豆等が主体で、軍政チームは調理法の伝授に多忙を極めた」

10. 『農業史研究　第三六号』白木沢旭児「戦後食糧輸入の定着と食生活改善」一〇〜二〇頁（二〇〇二、農業史研究会、以下『農業史研究　第三六号』）一三頁「四六年から四八年まではすべてガリオア資金、エロア資金によるアメリカの援助である。四九年以降、援助以外の普通貿易による輸入が行われ、五〇年には援助は減少し、五一年をもって打ち切られる」

11. 科学技術庁資源調査会：編『日本の食糧』（一九六二、第一出版）

12. 『農業史研究　第三六号』一三頁「主食でみると、四八年までは戦前輸移入数量を大幅に下回り、このことが食糧危機となって現れたことが看取できる（清水、二〇〇〇）。食糧危機が緩和に向かう四九年以降は、戦前に匹敵する主食輸入が行われ、その後、主食では五〇年代初頭から、大豆、砂糖では五〇年代後半から戦前を上回る数量を輸入している。植民地喪失による構造的な食糧不足が解消されたとみることができよう」

13. 第009回国会　参議院予算委員会　第九号　昭和二五年一二月七日

14. 『農業総合研究　第一〇巻』瀧川勉「アメリカの過剰農産物形成についての一考察　―対外援助政策との関連において―」二七～六六頁（一九五六、農林水産政策研究所、以下『農業総合研究　第一〇巻』）三二頁「第二次大戦中には実に農産物輸出の七七％が武器貸与法によって輸出されたが、アメリカはこの武器貸与法を利用して海外に農産物の新市場を開拓し、国内の農業生産力を飛躍的に増大することができた」

15. 『農業総合研究　第一〇巻』三〇頁「五三年七月には朝鮮休戦が成立するに至った。それとともに一九四九年にその兆しをみせたアメリカの農業恐慌は、一九五三年夏頃からふたたび表面化するに至り、農産物価格の下落、滞貨の増大が一層著しくなった」

16. 『農業史研究 第三六号』一七頁

17. 『百科事典マイペディア』（平凡社、引用はウェブサイトより）「日本は一九五五年に第一次協定（総額八五〇〇万ドル）、一九五六年に第二次協定（総額六五八〇万ドル）を締結。代金の一部を共同防衛のための軍事費に当て、残額は日本への借款として供与された。一九五六年以降は余剰農産物の輸入は行われていない」、https://kotobank.jp/word/%E4%BD%99%E5%89%B0%E8%BE%B2%E7%94%A3%E7%89%A9%E5%8D%94%E5%AE%9A-876371（二〇二二年一二月一九日確認）

18．第０２２回国会　参議院文教委員会　第一五号　昭和三〇年六月二三日（木曜日）文部省管理局長
小林行雄の答弁

第3節　戦前からの微妙な変化

1．松平誠『ヤミ市　東京池袋』一五八〜一六一頁（一九八五、ドメス出版）
2．加太こうじ『食いたい放題　東の味　西の味』一三二頁（一九七四、立風書房）
3．森義利・沼田陽一『幻景の東京下町　森義利の「少々昔の図絵」より』一二五頁（一九八九、日本放送出版協会）
4．松平誠『ヤミ市　幻のガイドブック』一〇六頁（一九九五、筑摩書房）
5．野一色幹夫『浅草』二六四頁（一九五三、富士書房）
6．読売新聞　大正一三年一〇月七日　朝刊五面「危険なソース／砂糖代りにサッカリン使用／違反製造者多数検挙」（一九二四）
7．朝日新聞　昭和一〇年六月一九日　夕刊二面「有毒甘味料を使用のソース　製造販売者にお灸」（一九三五）
8．消費規正に関する件　昭和一五年五月一一日
9．ブルドックソース社史編集委員会『ブルドックソース55年史』六一頁（一九八一）
10．朝日新聞　昭和二七年九月二日　夕刊四面コラム「買物帳」
11．『染太郎の世界』一二一〜一二二頁（一九八三、かのう書房）

12. 石川清一『家庭文化　食料の化学』七一～七四頁（一九四七、愛育社）
13. ブログ『TOPSY TIMES』二〇〇五年四月一〇日、http://topsytimes.jugem.jp/?eid=37（二〇二二年一二月一九日確認）
14. 厚生省「食品衛生法施行規則等の一部改正について」昭和三一年五月三〇日
15. 『大阪女子学園短期大学紀要3』所収「チクロヘキシルスルファミン酸ソーダの調理への利用に関する研究：その二　こしあん　しるこ　ぜんざいへの利用」二〇～二八頁（一九五九、大阪夕陽丘学園短期大学）
16. 『保証時報　二〇一四年四月号』所収「ひょうごの開拓者たち」九～一一頁（二〇一四、兵庫県信用保証協会）、https://web.archive.org/web/20170104011403/http://hosyokyokai-hyogo.or.jp/upfile/CgcBackNum2604.pdf（二〇二二年一二月一九日、二〇一四年当時に公式サイトで公開されていたPDFをInternet Archiveで確認）
17. 野一色幹夫『浅草』八二頁（一九五三、富士書房）
18. 『東京だより　昭和二九年四月号』三二頁　大澤雄吉「浅草散歩」（一九五四、東京だより社）
19. 秋山徳蔵『味の散歩』所収「浅草の味」七八～七九頁（一九五六、産業経済新聞社）
20. 台東区立中央図書館所蔵『髙相嘉男コレクション』「六区露店　飲食店屋台　ひょうたん池埋立て後38・7・15」、https://trc-adeac.trc.co.jp/WJ11F0/WJJS07U/1310615100/1310615100100100/mp100359/（二〇二二年一二月一九日確認）
21. 台東区立中央図書館所蔵『髙相嘉男コレクション』「新劇場前　屋台　39・11・14」、https://trc-adeac.

trc.co.jp/WJ11F0/WJJS07U/1310615100/1310615100100100/mp100362/（二〇二二年一二月一九日確認）

第4章　全国に拡散するソースの香り

第1節　戦前の関西のソース焼きそば事情

1. 黒田清『オール3の思想』四九頁（一九九七、近代文芸社）
2. 黒田清『そやけど大阪』一四二頁（一九九四、東方出版）
3. 近代食文化研究会『お好み焼きの物語』（二〇一九、新紀元社）
4. 『文藝』昭和一四年二月号八二〜一〇〇頁　高見順『如何なる星の下に』（一九四〇、改造社）
5. 『染太郎の世界』三頁（一九八三、かのう書房）
6. 『西新開地（西神戸）物語』六二頁（二〇一五、神戸アーカイブ写真館、神戸市立中央図書館所蔵）
7. 『西新開地（西神戸）物語』三五頁「また「肉てん横丁」などもあり筋焼きが現在もこの付近の名物になっているのも名残りではないでしょうか」
8. 三宅正弘『神戸とお好み焼き　比較都市論とまちづくりの視点から』三九頁（二〇〇二、神戸新聞出版センター）「先代は、昭和八年にそこに店を構えた。にくてん街の中では最も新しい店」
9. シャオヘイ『熱狂のお好み焼』一〇六頁（二〇一九、ザメディアジョン）
10. 産経新聞　二〇一七年三月一日「〝黒い焼きそば〟にお別れ、七〇年の歴史に幕……神戸・新開地の名店「トシヤ」閉店」「同店名物の「そば焼き」が登場するのは二八年ごろ。従業員のまかないとして、すき焼きのだし汁にそばを入れて食べたのが始まりだったという」
11．京都新聞　二〇一八年一〇月九日　「京都の人気B級グルメ「ゴム焼きそば」知られざるルーツとは…」
12．朝日新聞関西版　二〇〇八年七月一七日「勝手に関西世界遺産」「登録番号176　福知山の広東式めん」（引用は asahi.com より）
13．古川緑波『ロッパ食談』所収「うどんのお化け」一三五頁（一九五五、東京創元社）
14．古川緑波『古川ロッパ昭和日記〈戦前篇〉新装版』（二〇〇七、晶文社、引用は青空文庫より）
15．『織田作之助全集　第8巻』所収「大阪発見」一三四〜一三五頁（一九七〇、講談社）
16．『東京雑写』二〇一四年一月二〇日「大阪　木の実　織田作之助の短編「大阪発見」から」、http://zassha.seesaa.net/article/385693058.html（二〇二二年一二月一九日確認）
17．青山光二『純血無頼派の生きた時代』所収「山椒焼きとステーキ」一九一頁（二〇〇一、双葉社）
18．『カフェー考現学　大正・昭和の風俗批評と社会探訪　村嶋歸之著作選集　第1巻』巻頭見開き（二〇〇四、柏書房）
19．『大阪市及近郊電話番号簿 昭和一二年四月一日現在』三八一頁（一九三七、大阪府立図書館所蔵）
20．古川緑波『ロッパ食談』「あとがき——にしては、長すぎる」一九五頁（一九五五、東京創元社）
21．YouTube わらわらタウンニュース【お好み焼き 志ば多】二〇一一年六月二〇日
22．『ジャパンフードサイエンス　食品加工と包装技術　昭和五二年四月号』四四頁（一九七七、日本食品出版）

23.『麺類百科事典』二五三頁（一九八四、食品出版社）

第2節　全国の老舗焼きそば店・お好み焼き店（前篇）

1. 下野新聞二〇一七年八月二七日「宇都宮焼きそばの味　支え続ける／大塚ソース本社工場見学」「「宇都宮に初めて焼きそば店がオープンしたのは戦前。松が峰教会近くだったな」。2代目店主康宥《やすひろ》さん（76）は、焼きそば文化が宇都宮に浸透する過程を目の当たりにしてきた一人だ」
2. 月星ソース公式サイト 会社概要 会社情報、https://www.tsukiboshi-s.co.jp/company/（二〇二二年一二月一九日確認）
3. 上毛新聞二〇一八年七月二一日「オリオン通り脇で五〇年以上続いたが、女性店主が高齢になり、二〇年ほど前に閉店」
4. ほその店内に掲示された、上毛新聞二〇〇〇年七月付切り抜き「半世紀越える昔の焼きそば」
5. 上毛新聞二〇一七年一月二日「もりや食堂は、柳沢さんの両親の森谷重三さん、ひでさん夫妻（故人）が一九五一年ごろに開店」
6. 岩崎屋公式サイト「岩崎屋は、創業昭和三二年 焼そば・焼まんじゅうのお店です」、http://iwazakiya.com/（二〇二二年一二月一九日確認）
7.『全国縦断名物焼そばの本』（二〇〇八、旭屋出版）「日光で六〇年以上」
8. 下野新聞二〇一九年四月三〇日「そして三〇代の一九五二（昭和二七）年、焼きそば店を創業した」
9.『栃木の焼きそば』（二〇一一、下野新聞社）「昭和二九年創業」

10. 『全国縦断名物焼そばの本』「昭和三〇年に登場した面白焼きそば」
11. 『栃木の焼きそば』「昭和三三年。始まりは屋台から」
12. 『栃木の焼きそば』「店を譲り受けて五年」「四五年続いた老舗の味」
13. 行田市観光協会　行田市観光ブログ二〇一一年七月一二日「大正一四年創業。昔から変わらない味が人気のフライ屋『古沢商店』」、https://web.archive.org/web/20170723020622/http://www.gyoda-kankoukyoukai.jp/blog/2011/07/post-178.html（二〇一一年当時公開された記事をInternet Archiveで二〇二二年一二月一九日確認）
14. 小江戸川越観光協会　小江戸川越ウェブ「昭和二一年蓮馨寺境内で生まれた、川越特有の太麺やきそば」、https://koedo.or.jp/products/item_053/（二〇二二年一二月一九日確認）
15. 「本間焼そば店」「ぽてとや」ともに訪問時に直接聞き取り
16. 那珂湊焼きそば大学院ホームページ「一九五四年に渡辺栄寿（故人）が現在のわたなべ製麺所を創業」、http://nakaminatoyakisoba.web.fc2.com/what.html（二〇二二年一二月一九日確認）
17. 店頭掲示「昭和二五年創業　もりたやの生麺やきそば」
18. 店内掲示「昭和三三年四月やきそば専門店となる」
19. 店内掲示「昭和三〇年代からの焼きそば」
20. 『東京・横浜百年食堂』（二〇一一、日本出版社）「昭和二五年創業」
21. 店頭掲示「初代店主が昭和二八年（一九五三年）にみかさとして現在の地に開業」
22. こおりやま情報別冊『うまい焼そば』（二〇一四、ケイシイシイ株式会社）「昭和二五年頃より屋台で売り始めた歴史あるとん珍の焼きそば」
23. 朝日SALLY　vol.60　縄のれんの浪江名物元祖焼そば「昭和三〇年七月一二日、オープン／1カ月間かけて／とうとう見つけた味が『焼そば』」、http://www.asally.co.jp/sub/itupin/0803.html　（二〇二一年一二月一九日確認）
24. こおりやま情報別冊『うまい焼そば』「創業は昭和三二年。「炒めそば」もこの時から好評のものだ」
25. こおりやま情報別冊『うまい焼そば』「福島駅東口で創業したのは半世紀以上前のこと」
26. 月刊山形ＺＥＲＯ☆23 二〇一八年九月二七日号「昭和二七年の創業以来、レシピを変えずに提供」
27. 月刊ヨミウリウェイ　二〇一九年七月一〇日号「米沢出身の父親が「米沢屋」をつくったのは昭和三三年」
28. dancyu 特別編集『ソース焼きそばの本』九二頁（二〇〇九、プレジデント社）「この麺の製造を始めたのは、昭和二八年頃」
29. ＴＢＣ東北放送「ウォッチン！　みやぎ」二〇〇九年六月三日「たるや　創業四八年のお店」
30. ブログ「TOPSY TIMES」二〇〇一年八月五日「この味を四〇年続ける焼きそば専門店」、http://topsytimes.jugem.jp/?eid=91（二〇二一年一二月一九日確認）
31. 『全国縦断名物焼そばの本』「地元の製麺業者の協力の元に一九五三年（昭和二八）年に完成させた」
32. まるごと青森　二〇〇五年一〇月二九日「昭和三六年創業で、市内ではもっとも古いお店」、https://www.marugotoaomori.jp/blog/2005/10/533.html（二〇二一年一二月一九日確認）

33. 青森県観光情報サイト　Amazing Aomori「昭和三〇年代後半、黒石市中郷地区にあった『美満寿』」、https://aomori-tourism.com/gourmet/detail_3628.html（二〇二二年一二月一九日確認）
34. 富士宮やきそば学会公式ガイドブックvol.2（二〇〇七、富士宮やきそば学会）「昭和二三年創業のお座敷鉄板焼き店」
35. 日本経済新聞二〇二〇年七月二日夕刊「浜松市中区相生町の「お好み焼　大石」は一九四九年創業の老舗だ」
36. 静岡朝日テレビSATV「泰平のラーメン刑事」二〇一九年四月六日「昭和二九年創業の地元で愛されている老舗店」
37. 「気まぐれ野良の食べ歩き」二〇一二年三月七日「二代目の店主が生まれた年に開業されたそうで、今年で五七年を数える沼津の老舗やきそば店です」、https://ameblo.jp/unagiwasabi/entry-11185997082.html（二〇二二年一二月一九日確認）
38. 直接聞き取り
39. アットエス 小石屋「おばあちゃんの味を受け継いだおいしい焼きそば」、https://www.at-s.com/gourmet/article/washoku/okonomiyaki/126634.html（二〇二二年一二月一九日確認）
40. タウン誌　アサヒトセト二〇一四年九月号　巻頭特集「瀬戸焼きそばでまちおこし」「ルーツは、昭和二七（一九五二）年まで遡ります。深川神社参道の宮前地下街にあった「福助」の初代店主が東京浅草の門前町で見掛けた焼きそばをヒントに開発。昭和三〇年代前半にかけて宮前地下街を中心に広がりました」、https://chuco.co.jp/modules/special/index.php?page=visit&cid=20&lid=901（二〇二二

年一二月一九日確認）
41. 西村麵業公式サイト「昭和35年創業！」
42. 岐阜新聞「「三つ折りお好み焼」レトロB級グルメ、薄い生地&具材シンプル　柳ヶ瀬散策の相棒、岐阜市」二〇二三年一月三〇日「昨年創業70周年を迎えた「八千代」（岐阜市日ノ出町）」
43. 東海ウォーカー　二〇一九年六月七日「岐阜県中津川市に店を構える「五十番」は、60年前中華料理店として創業」
44. Life Designs「飛驒高山のソウルフードと言えば、創業昭和三五年の「ちとせ」。オレンジ色の看板が目印、焼そばが名物のお店です」、https://life-designs.jp/spot/chitose/（二〇二二年一二月一九日確認）
45. パンフレット『郡上八幡　水と踊りと食品サンプルの町』「まるみつ　昭和5年創業の老舗」
46. 南部町商工会ホームページ、https://r.goope.jp/nanbu-shokokai-y/shokokai/member/、小林商店「昭和32年に先々代が創業」、https://r.goope.jp/sr-19-193661s0051（二〇二二年一二月一九日確認）
47. abn 長野朝日放送「おぉ！　信州人」二〇一二年一一月六日
48. デリシャスコマチ「たけしや 西堀店／開業は昭和30年。初代から受け継がれている自家製ソースは……」、https://www.deli-koma.com/dk/shop/?clid=1002520（二〇二二年一二月一九日確認）
49. 旅ぐるたび「ローメンが誕生したのは」「昭和30（1955）年のこと」「「中国風菜館 萬里（ばんり）」が発祥」、https://gurutabi.gnavi.co.jp/a/a_2378/（二〇二二年一二月一九日確認）
50. 旅ぐるたび「この店なくしてローメンを語れないのが、昭和32（1957）年に創業した『うしお』」、

https://gurutabi.gnavi.co.jp/a/a_2378/（二〇二二年一二月一九日確認）

51. みかづき公式サイト「昭和35年当時ラーメン1杯70円のところ、イタリアンは1杯80円で販売」、http://niigatamikazuki.web.fc2.com/about.html（二〇二二年一二月一九日確認）

52. ホテルイタリア軒公式サイト：会社の沿革「明治14年8月　西堀通7番町に現在の基礎となる西洋料理店を始める」、https://www.italiaken.com/company/（二〇二二年一二月一九日確認）

53. 時事ドットコムニュース　二〇一九年一月九日「キユーピーは9日、１９５９年から60年近く製造・販売してきた缶入りミートソースの販売を終えると発表した。（中略）同社は国内で初めて缶入りミートソースを発売。看板商品の一つだったが、西日本豪雨後は製造・販売を休止し、今後の対応を協議していた」

54. 立山町サイクリングマップ「昭和33年創業の老舗の焼きそば屋さん」、http://www.tateyama-inc.jp/tateyama-cycling/map-watanabe.html（二〇二二年一二月一九日確認）

55. 小松名物塩焼きそばパンフレットホームページ「清ちゃん、１９５９年4月10日に開店となる！　ここから、小松名物塩焼きそばの伝説が産声をあげる！」、http://kankyo-okoku-komatsu.jp/gallery/1049/（二〇二二年一二月一九日確認）

56. 朝日新聞デジタル　二〇一九年一二月二七日『福井　寒い冬、バーでお酒を　83歳のバーテンダー』「バーテンダーになったのは20歳のころ。高校卒業後は京都や大阪で働き、敦賀市に戻って、１９５5年に軽食屋を始めた」、https://digital.asahi.com/articles/ASMD43GXZMD4PGJB001.html（二〇二二年一二月一九日確認）

57. 福井テレビ『おかえりなさ〜い』二〇二〇年九月二二日「敦賀の先駆者84歳現役バーテンダー」「水上さんは、19歳の時に「出入橋」という軽食店を経営。その時の看板メニューは「焼きそば」(中略) 水上さんは、県内最高齢のバーテンダーというだけでなく、敦賀に焼きそばを広めた人物でもある」、https://www.fukui-tv.co.jp/?post_type=okaeri_history&p=133174（二〇二二年一二月一九日確認）

58. 黒田清『オール3の思想』四九頁（一九九七、近代文芸社）「天神さんと親しくなるのは、お正月と夏祭のときくらいだった。（中略）境内には、子供にとっての夢がいっぱいあった。たこ焼き、回転焼き、イカ焼き、モダン焼き、やきそば、……」

59. dancyu　一九九一年一二月号「曾根崎新地近くの芸者置き家の並びで昭和12年に創業する」

60. 古川緑波『古川ロッパ昭和日記〈戦前篇〉新装版』（二〇〇七、晶文社、引用は青空文庫より）昭和一四年一〇月九日「大雅で、都築文男、井口静波等と会ひ、千どりといふお好み焼へ行って、いろ〳〵焼いて食った」

61. 美津の公式サイト「昭和20年／当初『美津の』は喫茶店でした」、http://www.mizuno-osaka.com/concept.html（二〇二二年一二月一九日確認）

62. ぼてぢゅう公式サイト「秘伝　78年焼そば／昭和21年創業時より引き継がれた『秘伝の焼そば』」、https://botejyu.co.jp/?view=flavor_yakisoba（二〇二二年一二月一九日確認）

63. 大阪日日新聞「日日発掘１００撰」二〇一一年三月一二日「発祥は、１９４９（昭和24）年に今里新橋通商店街（東成区）にあった2軒の店」

64. 大阪日日新聞　二〇一一年三月二〇日「戦後まもなくの同商店街内の「みゆき」と「松月」の2店か

メニューとして出していた」

65. シャオヘイ『熱狂のお好み焼』一〇九頁（二〇一九、ザメディアジョン）「話を訊くと創業は昭和25年とのこと」

66. 『全国縦断名物焼そばの本』（二〇〇八、旭屋出版）「今の場所で昭和32～33年から始めたお好み焼き店がスタート」

67. 京都新聞　二〇一八年一〇月九日「発祥は、同市中ノで1950年に創業したお好み焼き店「神戸焼」」

68. 三宅正弘『神戸とお好み焼き　比較都市論とまちづくりの視点から』三九頁（二〇〇二、神戸新聞出版センター）「先代は、昭和八年にそこに店を構えた。にくてん街の中では最も新しい店」

69. 動画「わらわらタウンニュース【お好み焼　志ば多】」二〇一一年六月二〇日「だいたいですけどね、昭和二二年前後です／店ができる前に祖母が一～二年行商していた」、https://www.youtube.com/watch?v=pbRG9mnEQms（二〇二二年一二月一九日確認）

70. ウォーカープラス「B級グルメの帝王「そばめし」の誕生秘話」「焼きそばを作っていたところ／1957年の創業当時から作り続ける〝青森・そばめし〟」https://www.walkerplus.com/article/12526/（二〇二二年一二月一九日確認）

71. 甲賀市観光協会ホームページ「昭和28年で製麺業に始まり、自家製麺を使った素そばから生まれた『スヤキ』」、https://koka-kanko.org/eat/taninosyokuo/（二〇二二年一二月一九日確認）

72. やました公式サイト「初代店主、山下夏子が、昭和30年頃に、和歌山県御坊市薗（現在の北出病院辺り）でお好み焼き屋を営み始めました」、https://www.setiyaki.com/（二〇二二年一二月一九日確認）

第3節　鉄板台の上のホルモンとうどんの偶然の出会い

1. ウェブサイト『元町マガジン』屠殺の話（1）、https://www.kobe-motomachi.or.jp/motomachi-magazine/highway/160101.php（二〇二二年一二月二二日確認）
2. ウェブサイト『元町マガジン』屠殺の話（2）、https://www.kobe-motomachi.or.jp/motomachi-magazine/highway/160201.php（二〇二二年一二月二二日確認）
3. 神戸新聞　明治三九年七月三日六面「葺合新川貧民窟だより（其八）」
4. 『部落解放研究 No.159』所収　本郷浩二「明治・大正期の食肉産業と被差別部落　―屠畜業との関わりを中心に―」二三頁（二〇〇四、部落解放・人権研究所）
5. 『兵庫おでかけプラス』二〇一八年一一月一三日「長田名物・ぼっかけ、ルーツはどこに？　地元では別名も」、https://www.kobe-np.co.jp/news/odekake-plus/news/detail.shtml?news/odekake-plus/news/gourmet/201811/11816071（二〇二二年一二月二二日確認）
6. 『屠場文化　語られなかった世界』一七八～一七九頁（二〇〇一、創土社）
7. 『西新開地（西神戸）物語』六八頁（二〇一五、神戸アーカイブ写真館、神戸市立中央図書館所蔵）
8. 『神戸新聞』二〇〇〇年八月二六日二四面「神戸コリアン物語　二〇〇二年への架け橋」
9. 元祖 鉄板焼ステーキ みその公式サイト、https://misono.org/concept/（二〇二二年一二月二二日確認）
10. 昭和二六年四月一日刊『文藝春秋　第29巻第5号』所収「安吾の新日本地理　02道頓堀罷り通る」一五〇～一六九頁（一九五一、文藝春秋、引用は青空文庫より）

11.『全国縦断名物焼そばの本』（二〇〇八、旭屋出版）「『一力』は昭和26年創業。ホルモン焼の店だ」

12. 小野市観光協会 観光ナビ「「おの恋ホルモン焼きそば」は、昭和30年代に小野市内の焼肉店で始められたメニューで、当時は、金物や算盤職人の間でよく食べられていました」、https://ono-navi.jp/gourmet/gourmet-cats/horumon/（二〇二一年一一月二二日確認）

第4節　全国の老舗焼きそば店・お好み焼き店（後篇）

1. at home VOX「麺は口ほどにものを言う～ご当地ヌードル探訪～」二〇一七年五月三〇日「60年ほど前にこの一帯の飲食店のほとんどが鉄板を置き、ホルモンやホルモンうどんを扱うようになったんです」、https://www.athome.co.jp/vox/series/life/104242/pages2/（二〇二一年一一月二二日確認）

2. ひるぜん焼そば好いとん会公式サイト「昭和三〇年代、蒜山高原では、各家庭で工夫して調合した、タレで焼そば……」、https://www.maniwa.or.jp/hiruzen/yakisoba/news/?c=hiruzen_topics-2&pk=4（二〇二一年一一月二二日確認）

3. ふるさとづくり推進ポータルサイト「昭和30年代、鳥取市内に多くあった焼肉屋・ホルモン屋で、……」、https://www.pref.tottori.lg.jp/178223.htm（二〇二一年一一月二二日確認）

4. きんぐ公式サイト「昭和33年頃に「中華そば」として始めて現在まで親子4代に渡って親しまれております」、http://t-king.jp/（二〇二一年一一月二二日確認）

5. シャオヘイ『熱狂のお好み焼』六四頁（二〇一九、ザメディアジョン）

6. 力の源通信「『朱華園』は壇上さんの父、台湾出身の朱阿俊（しゅうあしゅん）さんが、昭和22年に尾道で屋台営業からスタートした」、https://www.chikaranomoto.jp/east_west/56.html（二〇二二年一二月二二日確認）
7. 『熱狂のお好み焼』「麺を入れたことがわかっている最古の店／昭和23年創業／エキニシの天六」
8. 長府商店街ホームページ「創業昭和32年。今も昔も変わらぬ味が自慢」、https://chofushoutengai.com/restaurant/121/（二〇二二年一二月二二日確認）
9. 元祖瓦そばたかせホームページ「一九六二年に当店で生まれた瓦そば」、https://www.kawarasoba.jp/kawarasoba.php（二〇二二年一二月二二日確認）
10. ふみや鍛治屋町公式サイト「昭和27年先代がトキ新で創業」、http://www.fumiya-okonomiyaki.com/（二〇二二年一二月二二日確認）
11. フェイスブック公式ページ「昭和26年創立の老舗お好み焼き屋　徳島ご当地グルメで有名な金時豆、丸天がメニューにございます」、https://www.facebook.com/884okonomi/about_details（二〇二二年一二月二五日確認）
12. 後継店「じゅん」の店主から聞き取り「昭和二〇年代中頃から松山に『かめ』という飲み屋というか飯屋というか、そういう店があった」
13. フェイスブック公式ページ「昭和28年創業　創業より受け継いだソースを使用した鉄板料理」、https://www.facebook.com/profile.php?id=100067894346213（二〇二二年一二月二二日確認）
14. ありんど高知「なんと昭和32年から営業しているようですよ!」、https://kochi-arindo.com/2016/10/19/18717/（二〇二二年一二月二二日確認）

15. よさこい おきゃく支店「１９５７年創業の老舗『元祖ペラ焼き にしむら』」、https://www.kochi-bank.co.jp/yosakoi-okyaku/blog/?p=12266（二〇二二年一二月二二日確認）

16. 日本経済新聞 二〇〇七年九月一四日夕刊「夕&Ｅｙｅ 九州味めぐり」

17. フジテレビ『もしもツアーズ』二〇一四年七月一二日

18. 福岡県感染防止認証制度申請サイト 感染対策事例紹介 焼きそば 永楽「昭和24（１９４９）年に直方市で創業し、宮若市に移転して18年続く老舗です」、https://act-against-covid-19.pref.fukuoka.lg.jp/case/detail/699230cf-c819-4767-986c-245d0fabc0e8（二〇二二年一二月二二日確認）

19. 想夫恋ホームページ 漫画『想夫恋物語』、https://sofuren.com/story/（二〇二二年一二月二二日確認）

20. 店主から聞き取り

21. SAGATV「グルメ×HUNTER」二〇一九年五月二日「昭和三四年創業、六〇年続くお好み焼き店が唐津市厳木にあります」、https://www.sagatv.co.jp/kachiplus/media/archives/21407,（二〇二二年一二月二二日 メタタグのディスクリプションで確認）

22. mixi 初代福田流ちょぼ焼き「お店の閉店（最終営業日２００６年12月18日月曜日）」「昭和26年、１９５１年頃開業（出典：ＴＫＵ閉店時のテレビ放映に「創業55年に幕」）」、https://mixi.jp/view_community.pl?id=1659140（二〇二二年一二月二三日確認）

23. 宮崎にくてんの老舗かわさき公式サイト「元々は神戸発祥のにくてんは、戦後に沖縄から宮崎の波島に移り住んだ人と、神戸に移り住んだ人との交流によって、宮崎に伝わりました。１９５３年創設の

『宮崎にくてんの老舗 かわさき』はその味を代々受け継ぎ、約70年間変わらない美味しさを守り続けています」、https://kawasaki-2910.com/shop/（二〇二二年一二月二三日確認）
24. 加茂川ホームページ「昭和25年創業。三代に渡って伝承されている伝統ある味をご堪能ください」、https://kamogawa.life/（二〇二二年一二月二三日確認）
25. 函館市公式観光情報サイトはこぶら「ＪＲ函館駅から徒歩圏内にある１９５４（昭和29）年開店の焼きそば専門店」、https://www.hakobura.jp/db/db-food/2009/03/post-56.html（二〇二二年一二月二三日確認）
26. ロケットニュース24 二〇一六年六月五日「この珍しいスタイルの店の創業は、今から約40年前の１９７６年だという」、https://rocketnews24.com/2016/06/05/755597/（二〇二二年一二月二三日確認）
27. 風月ホームページ会社概要「昭和42年（１９６７年）厳冬の2月11日、（中略）三坪のお好み焼屋を開店」、https://www.fugetsu-sapporo.co.jp/company/（二〇二二年一二月二三日確認）
28. 『全国イイ味ハマル味』二〇一三年八月二三日、帯広「焼きラーメン」コメント「昭和35から40年ごろ、帯広市西三条南10丁目の南9丁目側に『バーくろんぼ』『アザミ食堂』『エビス』が並んでいて、『エビス』で焼ラーメン（その他のメニューは無かった）をやっており、エビス廃業後、隣の『アザミ食堂』が焼ラーメンを受け継ぎました」、https://e-aji.blog.jp/archives/65784640.html（二〇二二年一二月二三日確認）
29. 農林水産省「令和2年度（概算値）、令和元年度（確定値）の都道府県別食料自給率」、https://www.maff.go.jp/j/zyukyu/zikyu_ritu/zikyu_10.html（二〇二二年一二月二三日確認）

30．福留奈美・宇都宮由佳「郷土料理からみた醤油の地域特性」『FOOD CULTURE No.26』八〜二五頁（二〇一六、キッコーマン国際食文化研究センター）、https://www.kikkoman.co.jp/pdf/no26_j_008_025.pdf（二〇二二年一二月二三日確認）

第5節　ソース焼きそばはいかにして広まったか

1．那珂湊焼きそば大学院　ホームページ、http://nakaminatoyakisoba.web.fc2.com/what.html（二〇二二年一二月二四日確認）
2．タウン誌　アサヒトセト二〇一四年九月号、https://chuco.co.jp/modules/special/index.php?page=visit&cid=20&lid=901（二〇二二年一二月一九日確認）
3．小菅桂子『にっぽん洋食物語大全』一八四頁（二〇一七、筑摩書房）

著者略歴
1970年生まれ。静岡県出身。ブログ「焼きそば名店探訪録」管理人。国内外1000軒以上の焼きそばを食べ歩く。テレビ、ラジオなどメディア出演多数。本業はITエンジニア。

ハヤカワ新書　006
ソース焼《や》きそばの謎《なぞ》
二〇二三年七月 二十 日　初版印刷
二〇二三年七月二十五日　初版発行
著　者　塩《しお》崎《ざき》省吾《しょうご》
発行者　早川　浩
印刷所　三松堂株式会社
製本所　株式会社フォーネット社
発行所　株式会社　早川書房
東京都千代田区神田多町二ノ二
電話　〇三‐三二五二‐三一一一
振替　〇〇一六〇‐三‐四七七九九
https://www.hayakawa-online.co.jp

ISBN978-4-15-340006-1 C0295

Printed and bound in Japan
定価はカバーに表示してあります
乱丁・落丁本は小社制作部宛お送り下さい。
送料小社負担にてお取りかえいたします。

「ハヤカワ新書」創刊のことば

誰しも、多かれ少なかれ好奇心と疑心を持っている。そして、その先に在る納得が行く答えを見つけようとするのも人間の常である。それには書物を繙いて確かめるのが堅実といえよう。インターネットが普及して久しいが、紙に印字された言葉の持つ深遠さは私たちの頭脳を活性して、かつ気持ちに余裕を持たせてくれる。

「ハヤカワ新書」は、切れ味鋭い執筆者が政治、経済、教育、医学、芸術、歴史をはじめとする各分野の森羅万象を的確に捉え、生きた知識をより豊かにする読み物である。

早川　浩